Voodoo

Voodoo

Magie und Rituale

Leah Gordon

Fotos: Rosa Rodrigo
Illustrationen: Sarah Adams
Übersetzung: Berliner Buchwerkstatt,
Michael Fröhling
Redaktion: Berliner Buchwerkstatt, Vera Olbricht
Herstellung: Berliner Buchwerkstatt, Britta Dieterle

Anmerkung der Autorin

Dieses Buch enthält Informationen über authentische
Zauberpraktiken des Voodoo. Die Autorin möchte
betonen, dass diese Zauberpraktiken von Voodoo-
priestern vorgenommen oder beaufsichtigt werden und
die authentischen Zutaten aus Haiti an Stelle
von Alternativen verwendet werden sollten,
damit sie Erfolg haben.

Printed in China by Midas Printing Limited

Inhalt

Voodoo ist eine faszinierende Religion. Sie entstand in West- und Zentralafrika und kam mit den Sklavenschiffen über den Atlantik in die Neue Welt, wo sie in Haiti auf der Insel Hispaniola aufblühte. Charakteristisch für Voodoo sind seine Zeremonien, die Musik, der Tanz und die Opfer, durch welche die Teilnehmer in ritueller Besessenheit mit dem Geist ihrer Vorfahren kommunizieren.

Einleitung

Voodoo hat ein Pantheon von Geistern, Iwa genannt, deren Macht auf den verschiedensten Wegen beschworen werden kann. Die einzelnen Geister beherrschen verschiedene Lebensbereiche, von Liebe bis Wohlstand und von Gesundheit bis Familie. Jeder Geist hat seine eigene Identität, seine Symbole, rituellen Objekte, Lieder und Tänze. Über Jahrhunderte war Voodoo ein Opfer von Furcht, Aberglaube und Ignoranz, genau all dessen, was Voodoo selbst vorgeworfen wurde. Dieses Buch bietet eine auf Tatsachen beruhende engagierte Einführung in diese überaus verkannte Religion, eine Hinführung zu den Geistern und ihren Symbolen und eine Beschreibung der Zeremonien, Zauberpraktiken und ausgeklügelten Rituale, aus denen die Praxis des Voodoo besteht.

Die Schreibweise von Vodoo

In diesem Buch wird im Unterschied zum englischen Original die hier gängige Schreibweise Voodoo verwendet. Die Autorin benutzt im Englischen als Wertschätzung und Akzeptanz die weniger bekannte Schreibweise Voodou, das ist die kreolische *(Kreyòl)* Form für diese Religion, wie sie auch von ihren Anhängern auf Haiti benutzt wird. Diese Schreibform wird heute zunehmend auch außerhalb Haitis benutzt, um so die Ausübung dieser Religion von dem „Hokus Pokus" abzugrenzen, den das Wort Voodoo vermitteln kann. Die vielen anderen kreolischen Worte und Schreibweisen in diesem Buch sind kursiv geschrieben. Die haitianische Sprache besteht aus einer symbiotischen Mischung aus kreolischen und französischen Schreibweisen, aus Gründen der Einheitlichkeit halten wir uns in diesem Buch durchgehend an die kreolische Schreibform.

Trommler und ounsy (Sänger und Tänzer) bei einer Vodoo-Zeremonie in Haitis Hauptstadt Port-au-Prince. Musik und Tanz werden angewandt, um die Geister in ihrer Heimat im Jenseits mit der sterblichen Welt zu verbinden.

Voodoo ist eine tief spirituelle und sichtlich verwirrende Religion, zu der ausgeklügelte Rituale, Gesang und Tanz gehören. Dieses Kapitel stellt die Entwicklung des Voodoo in Haiti dar, von seinen afrikanischen Wurzeln bis zu der bedeutenden Rolle in der Geschichte Haitis, dem ersten Land, in dem die Sklaven ihre Kolonialherren überwinden und die Unabhängigkeit erringen konnten. Die komplizierten Voodoo-Zeremonien werden untersucht, die heiligen Symbole erklärt und ihre einzigartigen Formen dargestellt.

Voodoo von innen

Als Kolumbus 1492 die Insel Hispaniola „entdeckte", war sie von den indianischen Völkern der Taino und Arauak bewohnt. Man schätzt die Zahl der indigenen Ureinwohner zu der Zeit, als die Spanier landeten, auf ca. 400 000. Die Tainos lebten in festen Siedlungen mit um einen zentralen Platz gruppierten Hütten aus Lehm und Stroh. Sie verfügten über ein tiefsitzendes Gefühl für die Einheit des Volkes und Gerechtigkeit und lebten in relativem Frieden und Harmonie. Sie praktizierten eine besonders geschickte Form der Landkultivierung ohne Brandrodung und Einschlag, indem sie den Boden mit Kompost anreicherten. Die Tainos hatten ihre eigenen religiösen Vorstellungen mit zwei obersten Göttern, Yúcahu und Atabay, und einer Gruppe von niedrigeren Geistern, die Bäume, Flüsse und tote Gegenstände bewohnten.

Die Geschichte Haitis

Sklaverei

Die friedlichen Tainos wurden von den spanischen Invasoren schnell versklavt und als Arbeiter in den Goldminen eingesetzt. Nach über 30 Jahren Sklavenarbeit waren von den ursprünglich ca. 400 000 Tainos auf der Insel weniger als 1000 noch am Leben. Diejenigen, die sich nicht zu Tode geschuftet hatten, verloren ihr Leben bei den Versuchen dem erniedrigenden Elend der Sklaverei zu entfliehen. Einige von ihnen flohen in die Berge und lebten in verborgenen Lagern. Diese Tainos sollen eng mit den entflohenen afrikanischen Sklaven, die seit dem Beginn des 16. Jahrhunderts als Ersatz für sie nach Hispaniola gebracht wurden, zusammengearbeitet haben. Überbleibsel der Kultur der Tainos findet man in Haiti von heute noch in dem Klang der Muschelhörner, in den Mustern der *veve* im Voodoo und in dem Gebrauch der magischen Steine. Um die Mitte des 16. Jahrhunderts waren über 20 000 schwarze Sklaven von Afrika nach Hispaniola verschifft worden. Im Friedensabkommen von Rijswick wurde die Insel 1697 geteilt. Die Franzosen übernahmen die Kontrolle über das westliche Drittel von Hispaniola und nannten es Santo Domingo. Auch Frankreich importierte afrikanische Sklaven und setzte sie auf den neu gegründeten Zuckerrohrplantagen ein. 1790 hatte die Zahl der afrikanischen Sklaven in Santo Domingo mindestens eine halbe Million erreicht. Die Kolonie wurde durch über die Jahre das Blut und den Schweiß der afrikanischen Sklaven zu einer der reichsten in der Karibik.

Kupferstich mit der Abbildung afrikanischer Dorfbewohner, die versklavt werden, und der elendigen Bedingungen, die sie auf der langen Reise nach Santo Domingo auf den Sklavenschiffen zu erleiden hatten.

11

Unabhängigkeit

Bei der Ankunft auf Santo Domingo achteten die Franzosen sorgfältig darauf, die Stammesangehörigen voneinander zu trennen, und verteilten die Sklaven mit einer gemeinsamen Sprache auf verschiedene Gruppen, um Gemeinsamkeiten zu verhindern. Religiöse Rituale wurden zur einzigen Basis, in der die Sklaven zu den gemeinsamen Wurzeln und zu Solidarität finden konnten. Voodoo wurde im Geheimen auf den Plantagen praktiziert und verbreitete sich unter den „Marrons" genannten entflohenen Sklaven, die ihre Lager in den unwirtlichen Bergen der Insel errichteten. Gegen Ende des 18. Jahrhunderts herrschte große Unzufriedenheit unter den Sklaven, die durch Berichte über die Französische Revolution weiter geschürt wurde.

1791 erreichte die Stimmung einen Höhepunkt und wandelte sich in eine Rebellion, der ein 13-jähriger Krieg zwischen den Franzosen und den Schwarzen folgte.

Voodoo war sowohl die Inspiration als auch die Voraussetzung für den langen Kampf um Haitis Unabhängigkeit. Am 14. August 1791 vollführte ein Voodoo-Priester namens Boukman während eines starken Sturms auf einer Bois Cayman genannten Waldlichtung eine Zeremonie. Sklaven und Marrons hatten sich versammelt. Im Schein der Blitze opferte Boukman den afrikanischen Vorfahren ein schwarzes Schwein und schrieb mit dessen Blut die Worte „Freiheit oder Tod". Ermutigt und gestärkt kehrten die Sklaven auf ihre Plantagen zurück und verbreiteten die Botschaft der Rebellion. Innerhalb von Tagen wurden die fruchtbaren Landstriche in Brand gesetzt, sie loderten weiter bis zur Unabhängigkeit im Jahr 1804. Santo Domingo wurde zur ersten schwarzen Republik in der Neuen Welt und wurde wieder Haiti genannt. In der Sprache der Taino bedeutet das bergiges Land. (Die heutige Dominikanische Republik wurde auf den restlichen zwei Dritteln der Insel gegründet und erklärte ihre Unabhängigkeit erst im Jahr 1844.)

Kupferstich des Sklavenaufstandes in Santo Domingo im Jahr 1791.

Jean-Jacques Dessalines, der Haiti in die Unabhängigkeit führte und sich selbst zum Kaiser krönte. Als Sklave geboren, zeigte er als Führer der Rebellion schnell, dass er über große taktische Fähigkeiten verfügte.

Religiöse Wurzeln

Die Voodoo-Religion entstammt den afrikanischen Naturreligionen des 14. Jahrhunderts. Sie ist eine Synthese aus religiösen Praktiken West- und Zentralafrikas, versetzt mit übrig gebliebenen Überzeugungen der Tainos und angereichert mit Katholizismus. Aus einer Reihe von komplexen Gründen und zum Teil auch, um sich den christlichen Missionaren anzupassen, während sie ihrem eigenen Glauben weiter anhingen, übernahmen die Sklaven die Ikonen der katholischen Heiligen für ihre Altäre und benutzten sie dazu, die verschiedenen Voodoo-Geister darzustellen. Voodoo teilt sich in verschiedene „Nationen", die wiederum aus verschiedenen Sippen von *Iwa* oder Geistern bestehen. Die beiden bedeutendsten Nationen sind die Rada und Petwo. Die Rada-Geister gelten als „kühler", sanfter und eher versöhnlich als die Petwo-Geister, die „heißblütiger" temperamentvoller und feuriger sind.

Danbala, ein „kühler" Geist der Rada-Nation.

Der dreihörnige Bosou, ein „heißblütiger" Geist der Petwa-Nation.

13

Einige der
Städte und
Pilgerstätten
auf Haiti.

Cap
Haitien

Soukri
Plaine du Nord
Gonaïves   Souvenance

St. Marc   **HAITI**

Mirebalais
Saut d'Eau
Croix des
Bouquets
Port-au-Prince

DOMINIKANISCHE REPUBLIK

Karibisches Meer

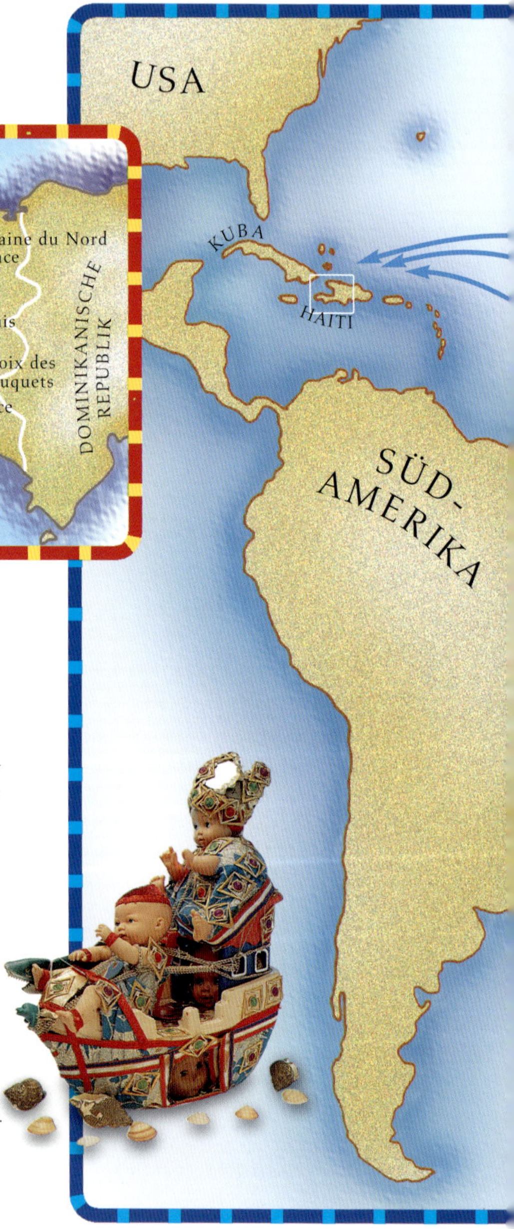

USA

KUBA

HAITI

SÜD-
AMERIKA

Afrikanische Ursprünge

Zu den Völkern, deren Angehörige versklavt
wurden, gehören:

Die Stämme der Senegalesen, Foule, Mandingo aus den Reichen der Fula und Mandingo.

Die Stämme Agua und Caplaou. aus den
Reichen der Ashanti und Fanti.

Die Stämme der Rada und Adja aus dem
Reich Dahome.

Die Stämme der Fon, Ibo und Nago aus den
Reichen der Haussa, Benin und Yaruba.

Die Stämme der Kongo aus dem Reich Kongo.

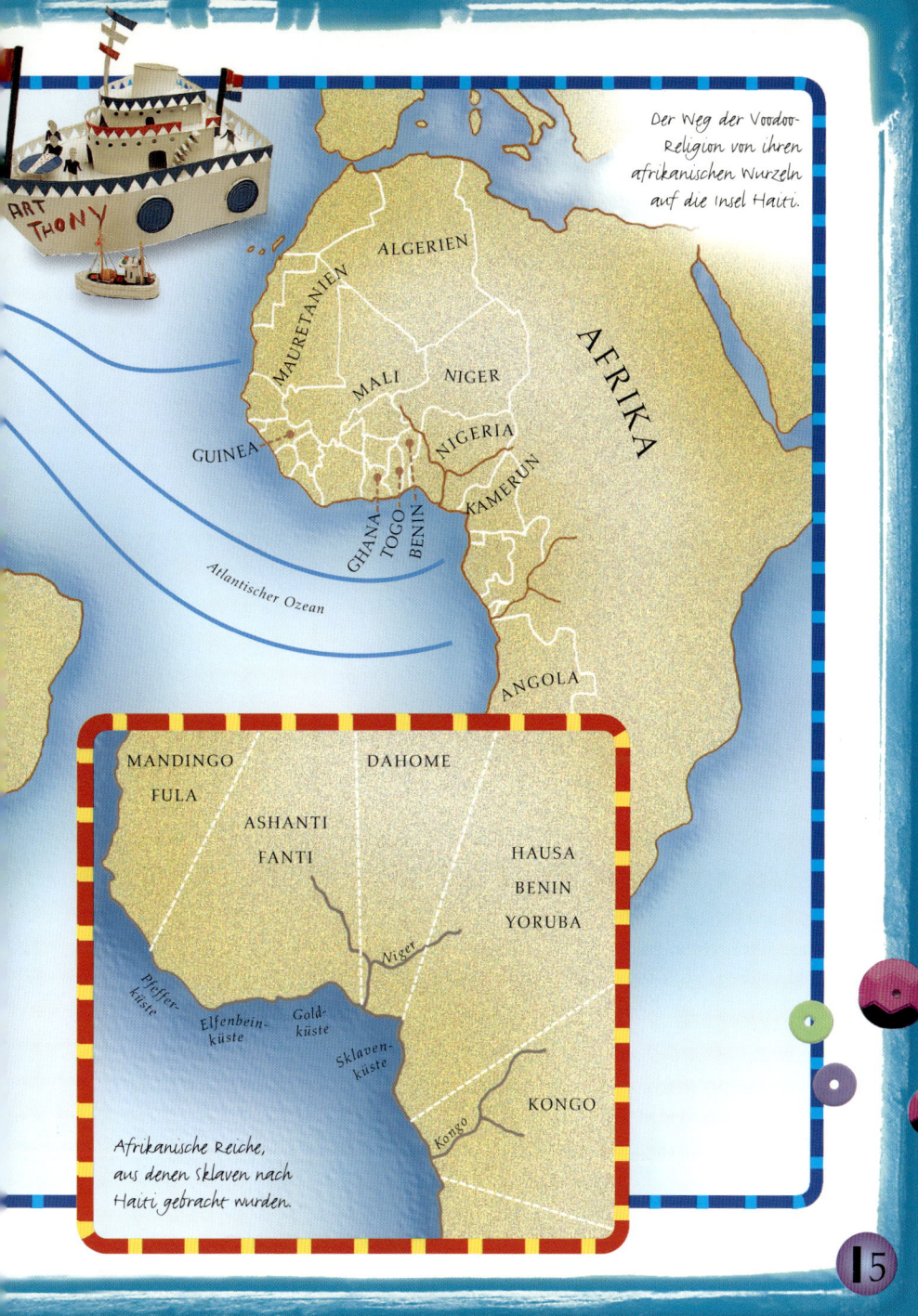

ART THONY

Der Weg der Voodoo-Religion von ihren afrikanischen Wurzeln auf die Insel Haiti.

ALGERIEN

MAURETANIEN

MALI

NIGER

AFRIKA

GUINEA

NIGERIA

KAMERUN

GHANA
TOGO
BENIN

Atlantischer Ozean

ANGOLA

MANDINGO

DAHOME

FULA

ASHANTI

FANTI

HAUSA

BENIN

YORUBA

Niger

Pfeffer-
küste

Elfenbein-
küste

Gold-
küste

Sklaven-
küste

KONGO

Kongo

Afrikanische Reiche,
aus denen Sklaven nach
Haiti gebracht wurden.

Magie

Die Anhänger des Voodoo verstehen das Universum als einen magischen Kosmos, in dem der Mensch auf magische Weise geboren wird und jeder Mensch ein potenzieller Magier ist. Als Zauberei bezeichnet man den Gebrauch der Magie mit bösen Absichten und die Manipulation der spirituellen Kräfte für persönliche Ziele. Wer sich als Voodoo begreift, weiß um die Zauberpraktiken, wendet sie aber nicht unbedingt auch an. Viele distanzieren sich schnell davon.

Die Aktivität der roten Sekten

Die Geschichten über Zauberei sind auf Haiti als Bestandteil des folkloristischen Erbes tief eingebettet in das kollektive Bewusstsein. Manche der Geister, besonders Kriminèl und der dreihörnige Bosou aus der Petwo-Nation, befassen sich mit Zauberei. Es soll viele Geheimgesellschaften geben, die Zauberei ähnlich wie die Freimaurer anwenden. Diese „roten Sekten" werden je nach Region *zobob, bizango, vlenblendeng* und *makandel* genannt.

Ein *bòkò*, also ein Zauberer, ist ein Mensch, der die Macht des magischen Universums pervertiert. Herabsetzend sagt man von ihm, er „arbeite mit der linken Hand" oder, wenn er ein Voodoo-Priester ist, er „arbeite mit beiden Händen". Der Zauberer verübt seine Arbeit an Scheidewegen oder auf Friedhöfen. Am meisten gefürchtet wird der *voye lamò*, der mit der Hilfe von St. Expeditus den Tod bringen soll. Unter diesem Bannfluch soll das Opfer verfallen, Blut erbrechen und sterben. Die Zauberer stellen auch *wanga* her, das sind Objekte, Päckchen oder Gifte, die anderen Menschen Leid zufügen und Unglück bringen. Die Zauberer bereiten die Gifte aus Pflanzen und Pulvern nach

Zauberer verwenden geheime Mischungen aus verschiedenen Kräutern und Pulvern, um ihre Opfer krank oder furchtsam zu machen.

16

geheimen Rezepten zu und schon eine Prise davon kann Unglück und Krankheiten verursachen.

Zombifizierung

Ein anderer Zauber ist die Schaffung eines Zombies. Das sind Menschen, die scheintot und beerdigt worden sind. Sie werden dann ausgegraben und einige Tage später wieder lebendig gemacht. Einmal wiedererweckt, sind sie nicht mehr sie selbst und unterwerfen sich völlig willenlos den Befehlen ihres Besitzers. Man glaubt, dass die Zauberer aus verschiedenen tierischen und pflanzlichen Zutaten ein Gift zusammenbrauen und es den unglücklichen Opfern verabreichen. Dieses verursacht ein dem Tod ähnliches Koma, da die Atmung nicht mehr festzustellen ist. Wenn dann der scheintote Körper wieder ausgegraben ist, wird ihm ein Gegenmittel verabreicht, dass ihn scheinbar wiederbelebt.

Wenn auf Haiti ein Mensch unter verdächtigen Umständen stirbt, wird die Leiche häufig gewürgt oder auf sie geschossen, um sie vor dem Sklavenleben als *zombi* zu bewahren. Die Furcht vor der Sklaverei ist die eigentliche Ursache der Mythologie des *zombi*. Während ihres Kampfes um die Unabhängigkeit hatten die haitianischen Sklaven geschworen, lieber zu sterben, als in das Sklavendasein zurückzukehren und so repräsentiert der *zombi* ihre größte Angst.

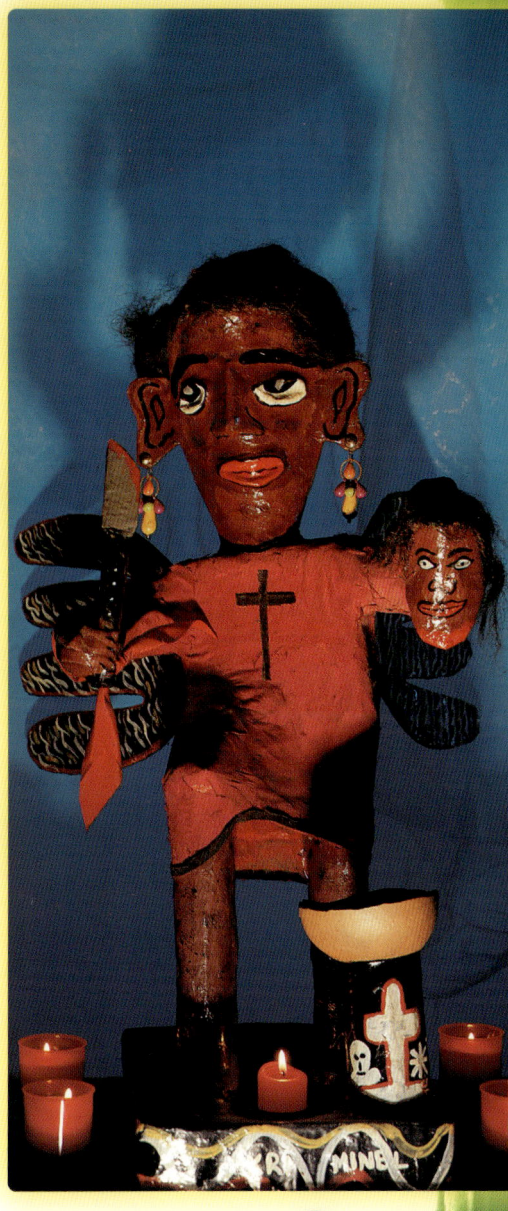

Pappmaché-Statue des Petwo-Geistes Kriminèl von Jean Romy Jean Louis.

Die Verehrung der Gottheiten durch lange und ausgeklügelte Zeremonien ist einer der zentralen Aspekte der Voodoo-Praxis. Es gibt je nach Zweck der Rituale und der zu verehrenden Geister unendliche Variationen der zeremoniellen Feierlichkeiten. Die Zelebranten verwenden eine Mischung aus Trommeln, Singen und Tanzen, um die Geister mit der Welt der Sterblichen zu verbinden und sie mit den Opfergaben zu speisen und zu stärken.

Voodoo-Zeremonien

Die Begrüßung der Geister

Der *ounfò*, der Voodoo-Tempel, besteht aus einem Gemeinschaftsraum, dem *peristil*, in dessen Mitte die heilige Säule, die *poto mitan*, steht, um die herum die Zeremonien stattfinden. Rund um das *peristil* sind kleinere Nebenräume angeordnet, die als *badji* bekannt sind. Das sind die Altarräume, welche die göttlichen und rituellen Gegenstände beherbergen. Die Speisung der Geister, eine typische Rada-Zeremonie, beginnt mit einem liturgischen Gebet, Trommeln und Liedern. Jeder Geist antwortet auf seine besonderen eigenen Melodien, Texte und Rhythmen. Während einer Zeremonie begrüßen und grüßen der *oungan* (der Priester) oder die *manbo* (die Priesterin) viele der Geister aus dem ewigen Pantheon. Mit der *ason*, der heiligen Rassel, in der Hand, muss der Priester zuerst Papa Legba, den Geist des

Scheideweges, begrüßen und ihn bitten, die Tore zum Reich des Göttlichen zu öffnen. Die vier Himmelsrichtungen des Tempels werden dann mit einem Schütteln der Rassel und einer respektvollen Verbeugung gegrüßt. Dann begrüßt der Priester die Marasa, die göttlichen Zwillinge, und Loko Atisou, den Geist des allerersten Priesters.

Danach betreten die *laplas,* die Meister des Schwertes, flankiert von den beiden *rèn drapo,* den Königinnen der Flaggen, mit den zeremoniellen perlengeschmückten Flaggen vom *badji* aus das *peristil.* Der Priester küsst das Heft des Schwertes und die Fahnenstangen, während den vier Himmelsrichtungen

Ein Priester schüttelt während einer Zeremonie in Port-au-Prince die ason, die heilige Rassel, am Fuße des poto mitan.

Eine Flaggenkönigin trägt während einer Zeremonie in Bel Air, Port-au-Prince, die perlengeschmückte Flagge des Geistes Gede.

noch einmal salutiert wird. Der Priester streut die *veve*, das heilige Symbol des Ayizan, des Geistes der ersten Priesterin, aus einer unbearbeiteten Kürbisschale mit Maismehl auf den Boden des *peristil*. Währenddessen schneiden die *ounsi*, die Sänger und Tänzer, Palmblätter ein. Nunmehr ist den mächtigen kosmischen Geistern, die über die Zeremonie wachen und selten in der Besessenheit erscheinen, Ehre und Respekt erwiesen.

Zeremonielle Besessenheit

Danach grüßt die Gemeinde die anderen Voodoo-Geister, die ihre Gegenwart durch Besessenheit anzeigen. Diese Besessenheit ist die höchste Segnung, welche die Geister den Zelebranten verleihen können. Sie gilt als Beweis dafür, dass das göttliche Verlangen

Eine Essensgabe aus Popkorn und dem Blut eines Opfertieres für Ezili Dantò ihrem aus Maismehl geschriebenen veve.

gestillt ist. Während der Besessenheit besteigt der *Iwa* den Zelebranten wie ein Reiter sein Pferd. Mit dem göttlichen Zaumzeug zwischen den Zähnen übernehmen die Zelebranten die Eigenheiten und Charakteristika ihrer göttlichen Reiter. Anhand der Bewegungen und Aktivitäten des metaphysisch überwältigten Sterblichen kann man erkennen, von welchem Geist er besessen ist.

Zuerst begrüßt die Versammlung *Danbala,* den Geist der Schlange, der den Zelebranten dazu bringt, sich auf dem Boden des Tempels wie eine Schlange zu winden und zu schlängeln.

Blutopfer

Nachdem die Geister begrüßt und geehrt worden sind, werden Tiere geopfert und Opfergaben ausgelegt, um die Geister zu speisen und zu stärken. Das Blutopfer ist der Höhepunkt der Zeremonie und jeder Geist hat sein bevorzugtes Tier.

Die Opfertiere werden vor der Zeremonie mühevoll mit Bädern, Parfum und Puder präpariert und vor der heiligen Exekution mit göttlichen Speisen gefüttert. Nach der Tötung wird das Blut in einer Schale aufgefangen, mit Salz, Sirup und Rum vermischt und oft auch von dem Priester auf die Lippen der *ounsi* geschmiert. Der Körper des Opfers wird mit *veve* aus Maismehl verziert, mit Geldgaben überhäuft und schließlich gekocht und gemeinsam von der Gemeinde zusammen mit den Geistern gegessen.

Im Tempel werden symbolische Gegenstände aufbewahrt und zu Ehren der verschiedenen Geister getragen. Der Strohhut, zum Beispiel, wird zu Ehren von Papa Zaka, dem Geist der Bauern, getragen.

Kultgegenstände

Der *oungan (Priester)* oder die *manbo* (Priesterin) haben die Autorität über diejenigen, die zu ihrem Tempel gehören. Man sagt, sie hätten das unsichtbare Wissen, das die spirituelle Einsicht und die Fähigkeit die göttlichen Kräfte weiterzuleiten mit sich bringt. Die Einführung in das Priesteramt kann Jahre dauern. Die Priester müssen die verschiedenen Ränge des Voodoo durchlaufen: von Initianten zum *oungenikon*, dem Chorleiter, zum *laplas*, dem Schwertmeister, und zum *konfyans*, dem Assistenten des Priesters, bevor er endlich „die *ason* tragen darf" und den Status des Priesters erreicht hat. Sie müssen dann den Tempel führen, die Altäre schmücken und die vielen Zeremonien für die Geister anleiten.

Niedrige, strohgeflochtene Stühle sind von Nutzen für die erschöpften Zelebranten, die nach der Besessenheit Erholung brauchen. Sie werden auch für die *ounsi* gebraucht, die darauf sitzen, um das Feuer während bestimmter Zeremonien in Gang zu halten.

Der Priester hat die vielen Schals in unterschiedlichen Farben zu verwahren, die zu Ehren der verschiedenen Geister getragen werden.

Die Ketten aus zeremoniellen Glasperlen werden während Initiations-Zeremonien vor der Brust gekreuzt getragen.

Der Priester hat immer ein Blatt Spielkarten zur Hand, um weissagen zu können.

Die *ason* ist die rituelle Rassel, die sowohl dazu benutzt wird, die Geister herbeizurufen, als auch um sie zu besänftigen. Sie ist aus einem Kürbis gemacht, enthält Schlangenwirbel und ist gitterförmig mit einer Glasperlenkette mit einer daran hängenden kleinen Glocke umwunden.

Im Tempel muss ein geschärfter Dolch zur Durchführung des Tieropfers als Höhepunkt der Zeremonie bewahrt werden.

23

In Voodoo-Zeremonien hat jeder eine Rolle, als Tänzer, Trommler oder Sänger. Daraus bildet sich eine in sich verschlungene Dreifaltigkeit von sichtbaren und hörbaren Einladungen, welche die Geister auf die Erde locken sollen. Die Gemeinde kreiert ein musikalisches Drama, um die Geister wie mit einem Magneten in die Welt herabzuziehen.

Musik und Tanz

Singen

Das Singen wird *chante Iwa* genannt und ist eine im Chor gesungene Einladung an die Geister, um sie dazu zu bringen, der Versammlung beizuwohnen und sich an den Gaben zu erfreuen. Der Voodoo-Choral arbeitet auch mit Fragen und Antworten zwischen dem Chorleiter, dem *ounjenikon,* und dem Chor. Die Funktion des Chorleiters ist eine überragende, da sie die klangliche Seele der Gemeinde ist und intuitiv erkennen muss, welche Lieder die *Iwa* am besten preisen und anziehen. Die meisten Lieder sind auf *Kreyòl*, aber sie enthalten auch Worte auf *Langaj*, einer alten afrikanischen Sprache, deren Bedeutung im Nebel der vergangenen Zeiten verloren gegangen ist. Jeder Geist hat seinen eigenen einzigartigen Liederkanon, von denen drei bis sieben in einer bestimmten Folge dargebracht werden müssen.

Trommeln

Die Trommeln sind das Hauptinstrument in den Voodoo-Messen. Die Zelebranten nennen die Zeremonien oft *bat tambou*, was die Trommel schlagen bedeutet. Auch wenn die Trommler selber säkular, häufig nicht initiiert und einfach nur als Musiker angestellt sind, handelt es sich bei den Trommeln um heilige Instrumente, die vor ihrer Benutzung in einer Zeremonie getauft werden müssen. Der Rhythmus der Trommeln wird dazu gebraucht, die Geister aus Afrika und Ginen, der göttlichen Heimat der

Eine Boula-Trommel, die kleinste der drei Rada-Trommeln (links); eine Maraca, die von Straßenmusikern der Rada verwendet wird (oben).

Singende und tanzende
Ounsi während einer
Zeremonie in Bel Air,
Port-au-Prince.

Vorfahren, anzurufen und zu kräftigen.

Ein geübter Trommler kann sich auf den geistigen Zustand der Tänzer konzentrieren und so dazu beitragen, dass in der Zeremonie das Stadium der Trance erreicht werden kann. Die Trommler müssen sehr viele unterschiedliche Rhythmen beherrschen, um den verschiedenen Geistern huldigen zu können, und benötigen eine bemerkenswerte Energie und Ausdauer, um eine ganze Zeremonie durchzuspielen.

Jede Geister-Nation hat unterschiedliche Typen von Trommeln und ihre ureigenen Rhythmen. Innerhalb der Rada-Nation gibt es zum Beispiel drei Trommeln: Die *manman*, die größte Trommel, die *segon*, die zweite, mittelgroße Trommel, und die *boula*, die kleinste Trommel. Der Körper einer Rada-Trommel wird aus einem Baumstumpf geschnitzt, über den als Fell eine Ziegenhaut gespannt und mit hölzernen Splinten und Kordeln sicher befestigt wird. Die drei Trommeln werden immer alle gleichzeitig gespielt. Die *manman* wird mit der Hand und einem kleinen Hammer geschlagen, sowohl auf die Oberfläche als auch auf den Rand. Die *segon* wird mit der Hand sowie einem gegabelten Stock und die *boula* mit zwei langen Stöcken bespielt. Es gibt einen

fünften Musiker, der mit einem Eisenstab auf eine, *ogan* genannte, Metallplatte oder eine Glocke schlägt, um die Zeremonie hindurch den Takt vorzugeben.

Die Trommeln müssen von Zeit zu Zeit in spezifischen Zeremonien wieder zu Kräften gebracht werden. Diese werden *kouche tambou,* die Trommeln ins Bett bringen, und *ba tambou mange,* die Trommeln speisen, genannt. Die Trommeln werden in dem *badji,* dem rituellen Altarraum des Voodoo-Tempels, auf ein Bett aus Bananenblättern gelegt. Auf jeder Trommel wird eine Kerze angezündet und die göttlichen Instrumente werden mit rituellen Speisen und Getränken besprenkelt, um sie zu speisen und mit Energie aufzuladen. Vor jeder Trommel wird eine Machete in den Boden gerammt und ein weißes Tuch darüber gehängt.

Für eine Nacht werden sie dort belassen, während die Geister des Holzes durch die heiligen Wasser in die Heimat der Vorfahren ziehen, um ihre Kräfte wiederaufzuladen.

Tanzen

Der Tanz zu den Liedern und dem Trommeln ist das dritte Element der rituellen Dreifaltigkeit, mit der die Geister gerufen und angelockt werden. Die *ounsi* genannten Tänzer ziehen die *Iwa* an und im Gegenzug nehmen diese von ihnen Besitz. Die Tänzer geraten dann mit einer Leidenschaft und Begeisterung, die sie vorher nicht besaßen, in einen metaphysischen Rhythmus. Die *ounsi* vollführen unterschiedliche Tänze, um die verschiedenen Geister zu ehren. Während eines Tanzes für Agwe bewegen sich die Körper der Tänzer manchmal wie Fische unter den Wellen und, wenn sie Danbala huldigen, winden sie sich ringelnd wie Schlangen. Die Frauen heben während des Tanzes häufig die Kleidersäume leicht an, während die Männer mit beiden Händen die Enden des um den Hals geschlungenen Schals halten.

Wie das Trommeln und Singen unterscheiden sich die Tänze nach der Nation der Geister, die geehrt werden. Die Tänze zu Ehren der Geister der Kongo-Nation sind die kompliziertesten, ausgeklügeltsten und leidenschaftlichsten. Die zeremoniellen Tänze, voller Spannung und Leben, erscheinen chaotisch. Sie unterliegen jedoch Regeln und Mustern, die durch die Behändigkeit und Virtuosität der Tänzer zum Ausdruck gebracht werden.

Ein Kornett, das Rada-Straßenmusiker während der Karnevalssaison auf Haiti benutzen.

27

Auch wenn die allerstärkste Manifestation der Geister der Akt der Besessenheit ist, gibt es dennoch viele materielle Erscheinungsformen des Göttlichen. Diese Objekte werden auf den Altären der wichtigen Geister verwahrt und in den Zeremonien verwendet, um die Geister zu symbolisieren.

Voodoo-Symbole

Rituelle Objekte

Diese Objekte verfügen nicht über eine besondere Macht, aber sie dienen als Erinnerungsstücke des Göttlichen und den Zelebranten als Gegenstand, der zu seinem speziellen Geist gehört. Ein Schwert, zum Beispiel, verweist auf Ogou, den Geist der Krieger; ein Kreuz symbolisiert Gede, den Geist der Friedhöfe. Besonders Ezili Freda hat aufgrund ihrer materialistischen Natur eine Überfülle von symbolischen Objekten. Zu ihrem Altar gehören Kämme, Broschen, Juwelen, Seifen, Parfums, Blumen und ein besonderes hellblaues Kleid. Jeder Geist wird auch durch eine spezifische Farbe symbolisiert. In den *badji*, den Altarräumen, werden Schals in den heiligen Farben aufbewahrt und sie werden benutzt, um die Gesichter der Zelebranten während der Besessenheit abzuwischen. Mit Perlen geschmückte Flaggen mit ausgeklügelten Mustern symbolisieren einen bestimmten Geist und sie werden benutzt, um den Beginn der Zeremonie anzukündigen.

Katholische Pendants

Jeder Geist hat sein katholisches Gegenstück, mit dem man ihn identifiziert. Diese Pendants stammen aus der Zeit der Sklaverei mit der gewaltsamen Christianisierung der afrikanischen Sklaven. Die Sklaven unterliefen die Bedeutung der Heiligen, indem sie diese als Ikonen ihrer eigenen afrikanischen Gott-

Ein großes Kreuz aus Metall von einem Altar für Gede (oben); Schals, in den mit dem Geist assoziierten Farben, werden auf dem Altar des Geistes verwahrt (links).

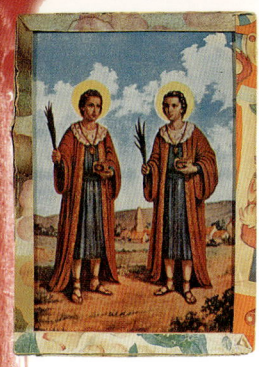

heiten übernahmen. Kleine Details in der visuellen Ikonographie der Heiligen wurden zu Zeichen der Charakteristika der eigenen Geister. So ist St. Gerhard das Pendant für Gede, weil er neben einem Totenkopf und Lilien, den Symbolen des Todes, sitzt; St. Jakobus repräsentiert Ogou, den Geist der Krieger, weil er ein Schwert schwingt, und St. Patrick ist das Symbol für Danbala, wegen der Schlange zu seinen Füßen.

Der poto mitan

Das mächtigste Symbol im Tempel ist der *poto mitan*, die heilige Säule in der Mitte des *peristil*, um die herum alle Zeremonien stattfinden. Sie reicht von der Decke bis zum Boden, vom Göttlichen zum Sterblichen, vom Himmel zur Erde.

Jeder Voodoo-Geist wird mit einem katholischen Heiligen identifiziert. Die Heiligen Kosmas und Damian symbolisieren die Marasa, die heiligen Zwillinge.

Chromolithographien der Jungfrau Maria werden auf den Altären für Ezili Freda, den Geist der Liebe und Schönheit, aufgestellt.

Strohtaschen und Drillichjacken hängen neben der ason eines Priesters über einem Heiligenbild in einem Voodoo-Tempel auf Haiti. Sie werden während einer Zeremonie zu Ehren von Papa Zaka getragen.

29

Gemälde von Rose-Marie Desmisseaux mit den poto mitan umtanzenden ounsi (Sängern und Tänzern) während einer Voodoo-Zeremonie. Der poto mitan ist die kosmische Achse des Tempels und der Weg, auf dem die Gottheiten in die sterbliche Welt gelangen können.

Der *poto mitan* symbolisiert den Weg für die *Iwa* und dient als heiliger Blitzableiter für den Transport der göttlichen Energie in den Tempel. Die Säule fußt in einem runden Sockel aus Stein, der ca. 30 cm hoch ist. Dieser Sockel dient während der Zeremonie als Altar, auf den Opfergaben gelegt und Trankopfer geträufelt werden. Der *poto mitan* ist mit spiralförmigen Mustern geschmückt, die die Danbala repräsentieren.

Veve-Symbole

Jeder Geist hat seine eigene symbolische Zeichnung, das *veve*, die während der Zeremonie mit Hilfe von Kornmehl, Holzasche, zermahlenen roten Ziegelsteinen oder manchmal sogar Schießpulver auf den Boden gestreut wird. Das Pulver wird mit den Fingern aus einer halben Kalebassenschale in feinen Linien für die ausgefeilten Muster auf den Boden gestreut. Der Vorgang ist sehr anspruchsvoll, da die so geschaffenen Muster geometrisch komplex und ausgeklügelt sind. Das Zeichnen der *veve* ist ein fesselnder und theatralischer Aspekt jeder Voodoo-Zeremonie. Manche *veve* werden einzeln für einen bestimmten Geist gezeichnet, andere hingegen hängen miteinander zusammen, erstrecken sich über die volle Länge des Tempels und ehren eine Gruppe von Geistern.

Wenn die *veve* gezogen sind, werden sie mit Trankopfern aus Rum beträufelt und kleine Nahrungsopfer darauf gelegt. Der Priester schüttelt dann die *ason*, die heilige Rassel, über den *veve*, murmelt

Ein Priester zeichnet eine *veve* aus Maismehl während einer Zeremonie in Bel Air, Port-au-Prince.

Gebete und stellt eine brennende Kerze in ihre Mitte. Die *veve* dienen dazu, die *Iwa* anzurufen und anzuziehen. Während Tanz und Musik die *Iwa* anziehen und locken, verfügen die *veve* über eine stärkere Magie und zwingen die Geister dazu, sich zu manifestieren. Sie sind für die göttliche Aufmerksamkeit ein unwiderstehlicher Magnet.

Die *veve* haben verschiedene kulturelle Wurzeln in der ganzen Spannbreite von Afrika bis Haiti. Ursprünglich stammen sie aus den animistischen religiösen Praktiken in Dahome, aber ihre Muster sind sowohl von den filigranen Designs der französischen Metallarbeiten als auch durch die Symbole der indigenen Taino-Indianer auf Haiti beeinflusst. Es gibt auch Spuren der Freimaurerei in den auf den *veve* und den Voodoo-Flaggen abgebildeten Symbolen, darunter Sterne, Bauzirkel, Picken, Spaten und Schaufeln.

Die **v**eve

Jeder Geist hat seine eigene symbolische Zeichnung, die *veve* genannt wird. Die *veve* werden während der Zeremonien gestreut, um die Geister in ihrer göttlichen Heimat mit der sterblichen Welt zu verbinden.

Papa Legba

Die Marasa

Agwe & Lasiren

Ezili Freda

Simbi

Ezili Dantò

Gran Bwa

Loko Atisou

Ayizan

Danbala & Ayida Wèdo

Papa Zaka

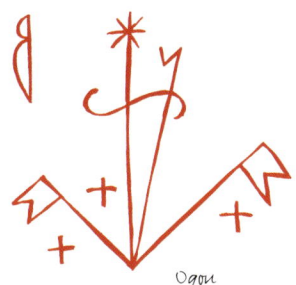

Ogou

Bosou

Gede

Der heilige Altarraum des Voodoo-Tempels wird dazu genutzt, die Überfülle der Objekte zu Ehren der Geister aufzubewahren und auszustellen. Über die symbolischen Objekte, die mit dem einzelnen Geist verbunden werden, hinaus befinden sich dort auch andere Gegenstände, wie Flaschen, Puppen und paket kongo.

Flaschen, PuPPeN, und paket kongo

Ein Puppenkopf in einer Flaschen die für Weissagungen benutzt wird.

Voodoo-Flaschen

Voodoo-Flaschen werden oft mit Stoff und Perlen dekoriert. Manchmal sind sie mit Rum, *kleren* (Zuckerrohrschnaps) oder Wein gefüllt, aber meistens sind sie leer. Diese Flaschen sind keine Aufbewahrungsorte für die Geister, sondern nur Gaben, um die *Iwa* zu ehren. Die Flaschen werden oft mit den Farben und Symbolen der entsprechenden Geister geschmückt. Dazu werden Stoff und Perlen verwendet und manchmal auch eine Chromolithographie des Pendants unter den katholischen Heiligen. Häufig werden auch durchsichtige Flaschen mit Objekten darin, wie Puppenköpfen und Körpern, hergestellt. Diese Flaschen können als Fetische verwendet werden, um böse Geister abzuwehren, aber auch von Priestern als Werkzeug für Weissagungen, wobei die Bewegungen der Puppenaugen die Geheimnisse enthüllen.

Voodoo-Puppen

Die Puppen werden auf die Altäre gestellt und entgegen den allgemein verbreiteten Auffassungen von Voodoo niemals in böser Absicht mit Nadeln durchstochen. Schwarze Mädchenpuppen in hübschen Kleidern dienen häufig zur Verehrung und Repräsentation von Ezili Dantò. Manche Voodoo-Puppen sind wahre Kunstwerke. Der Voodoo-Priester und Künstler Pierrot Barra hat außerordentliche Puppen als Hommage an die von ihm verehrten *Iwa* geschaffen. Nach ihrer Entdeckung durch Ethnologen haben diese surrealen und fantastischen Puppen sehr schnell ihren Weg von den Altären in die Kunstgalerien gefunden. Kleine handgenähte Stoffpuppen, die Botenpuppen genannt werden, dienen dazu, Nach-

richten in die Welt der Geister zu übermitteln, indem man den Puppen ein Stück Papier mit der Botschaft umbindet. Die Puppen werden dann an Scheidewegen oder Friedhöfen, die man als die Torwege zwischen der sterblichen und göttlichen Welt betrachtet, niedergelegt und bringen dann die Botschaft zu den Geistern.

Paket kongo

Paket kongo sind kleine Behältnisse, die in einem besonderen Ritual gefüllt werden. Es handelt sich um mit Bändern umwickelte Stoffbündel, die Kräuter und Pulver enthalten, und meistens von Federn gekrönt werden. *Paket kongo* werden zur Heilung und als Schutz verwandt und halten ihre Kräfte über sieben Jahre. Jeder Geist hat ein *paket kongo* in einer anderen Farbe, so zum Beispiel Loko Atisou in Gelb, Ezili Freda in Rosa und die Geisterfamilie der Gede in Purpur. Manche *paket kongo* sind extravagant dekoriert, wie mit einem Puppenkopf, Bullenhörnern oder überkreuzten Gabeln auf der Spitze.

Großes, Bosou gewidmetes paket kongo in schwarz und Gold von Jean Romy Jean Louis.

Paillettenge-
schmückte Flasche
der aus Haiti stam-
menden Musik-
gruppe RAM.

Barbie-Puppe
in einem
geschmückten
Fenstersarg von
Franz Barra.

Ein typi-
sches *paket
kongo,* beste-
hend aus einer
mit Band
umwickelten
Basis und einer
Federkrone.

Paillettenver-
zierte Flasche für
Gede mit einem
Totenkopf auf
purpurnem
Hintergrund.

Puppenskulptur von Franz Barra aus einer von einem Puppenkopf gekrönten und zu Ehren von Danbala von einer Schlange umwundenen Flasche.

Mit einem Puppenkopf und Nahrungsmitteln gefüllte Flasche zum Schutz vor bösen Geistern.

Reich dekoriertes von einer goldenen Schlange als Symbol für Danbala umwundenes *paket kongo* von Pierrot Barra.

Feines mit farbigen Steinen besetztes und von blauen Federn gekröntes *paket kongo* zu Ehren von Ayida Wèdo geschaffen von Pierrot Barra.

Voodoo ist eine der inspirierenden Kräfte der reichen Fülle an Malern, Metallkünstlern und Flaggenmachern auf Haiti. Die Rolle der Priester und Künstler ist oft austauschbar, da die Welt zwischen Geist und Materie, die sie bewohnen, von Träumen und Fantasien erleuchtet wird. Die Kunst ist zu einem realen Ausdruck des Voodoo-Glaubens geworden.

Voodoo-Kunst

„Maria, Schutzpatronin der Tauben" von Alexandre Gregoire (unten) ist eine traditionell „naive" Darstellung einer meer-geborenen und von einer Schar schwarzer Engel umgebenen Heiligen.

Vom Temple in die Kunst-Galerie

Die meisten Kunstformen auf Haiti haben ihre Wurzeln in den Voodoo-Praktiken: die Gemälde in den Tempelmauern, die Metallarbeiten in den Grabkreuzen und die Flaggen in den Ritualen. Während der letzten 50 Jahre hat die Kunst Haitis ihren Weg von den Mauern der Tempel an die Wände der Kunstgalerien gemacht und wird heute in aller Welt gesammelt. Die haitianische Kunst wird wegen der fehlenden klassischen Perspektive und des nicht akademischen beinahe kindlichen Stils als „naiv" oder „primitiv" klassifiziert. De Witt Peters, ein amerikanischer Lehrer, der in den frühen 40-er Jahren des 20. Jahrhunderts auf Haiti arbeitete, kann für sich in Anspruch nehmen, die Kunst Haitis „entdeckt" zu haben. Während er auf Haiti war, entdeckte Peters diese einzigartige und außerordentliche Kunst. Er gründete in einem schönen alten Gebäude in Port-au-Prince das Centre d'Art und schuf so eine ständige Arbeitsmöglichkeit für die unausgebildeten Künstler, häufig Bau-

„Zwei Manbos" von Gerard ist eine eigentümliche und, vielleicht unbeabsichtigt, humorvolle Darstellung von zwei Voodoo-Zelebranten.

ern. De Witt Peters entdeckte den Doyen der haitianischen Kunst, Hector Hyppolite, einen wandernden Voodoo-Priester und Maler. Als er durch die Stadt St. Marc fuhr, bemerkte Peters die mit Zeichnungen von exotischen Vögeln verzierte Tür eines Cafés. Angezogen sowohl von dem Stil der Arbeiten als auch von dem prophetischen Spruch über der Tür *Ici la Renaissance* (Hier die Renaissance), machte er den Künstler ausfindig. Er lud Hippolyte ein, am Centre d'Art zu arbeiten, und schon bald schuf er seine einzigartigen und profunden Gemälde nicht mehr auf Türen sondern auf Leinwand.

Abstrakter Expressionismus

Die Mitte der 70-er Jahre des 20. Jahrhunderts markiert das von der Kunstgeschichte nicht beeinflusste Aufkommen des abstrakten Expressionismus in der haitianischen Malerei. Die Künstler stellten weiter die *Iwa* dar, bildeten die Geister aber nun nicht realistisch in ihren Kostümen oder als katholische Heilige ab, sondern eher als abstrakte Energie, eine spirituelle Kraft. Die Hauptschule war die Gruppe Saint-Soleil, die in den Bergen oberhalb von Port-au-Prince lebte.

„Twa Lwa" von Jacques Smith zeigt drei Voodoo-Geister in einem abstrakten expressionistischen Stil. Die Geister sind von einer amorphen und sexuell ambivalenten Erscheinungsform als ominöse fast elektrische Kräfte.

Lasiren von Jose Delpé zeigt die mit dem edlen Schwertfisch durch das Meer schwimmende göttliche Meerjungfrau.

Die Vodoo-Schmiede

Die auf Haiti geschaffenen einzigartigen Metallarbeiten stammen überwiegend aus einem kleinen Gebiet in Croix des Bouquets, nördlich von Port-au-Prince. Die Arbeiten werden aus recycelten Ölfässern getrieben und mit Meißeln ausgestichelt. Viele dieser Arbeiten sind von Voodoo inspiriert, manche durch die Folklore Haitis und die eher profanen aus dem Königreich der Tiere. Georges Liautaud, auch ein Protegé von De Witt Peters, war der Begründer und Leiter dieser Entwicklung. Peters entdeckte Liautaud, von Beruf Schmied, aufgrund der eigentümlichen Kreuze, die dieser für den örtlichen Friedhof geschaffen hatte. Er überredete ihn, sich an eigenständigen Arbeiten zu versuchen, und, sobald Liautaud sich aus den praktischen Zwängen befreit hatte, blühte seine Fantasie auf.

Engel und Schwert von John Sylvestre ist ein Stück, das einen Racheengel darstellt, der sowohl vom Katholizismus als auch von Voodoo beeinflusst ist.

Marasa von John Sylvestre ist die Darstellung der heiligen Zwillinge als getrennte Teile eines Ganzen. Sylvestre fertigt Metallarbeiten unter Verwendung von Charakteren aus der haitianischen Folklore und dem Voodoo.

Oungan von Julio Balan zeigt einen Voodoo-Priester mit seinen heiligen Geräten, der *ason* und der Glocke. Julio Balan ist einer von vier Brüdern, die anderen heißen Romel, Jonas und Joel, die alle Metallarbeiten in einem großen Atelier herstellen.

41

Diese beeindruckenden paillettengeschmückten Tapisserien sind eine Kunstform, die es nur auf Haiti gibt. Die Flaggen zeigen das Pantheon der Voodoo-Geister, entweder symbolisch durch die genaue Abbildung der veve oder mit den Porträts der ihnen entsprechenden katholischen Heiligen. Man geht davon aus, dass die Flaggen ihre Ursprünge im Militär, bei den Freimaurern und in den Religionen haben; sie wurzeln ebenso in den Perlenarbeiten der Yoruba wie auch der indigenen Taino-Indianer.

Voodoo-Flaggen aus Haiti

Flagge der Ezili Freda von Georges Valris mit der Abbildung eines Geistes als Jungfrau Maria.

Die Flaggen messen traditionsgemäß ungefähr 90 x 90 cm und sind manchmal auf farbigem Hintergrund zur Hälfte, aber vorwiegend vollständig mit Perlen bestickt. Üblicherweise haben sie dekorative Säume mit in Pailletten bestickten Namen der Geister oder Glasperlen auf der oberen Kante und den Namen des Künstlers auf der unteren. Die Namen der Künstler werden erst in jüngster Zeit als Folge des zunehmenden Marktes für Flaggen als Kunstobjekte darauf geschrieben. Im Durchschnitt ist eine Flagge mit mehr als 20 000 Pailletten besetzt, die alle von Hand aufgestickt sind.

Die Flaggen, *drapo sèvis* genannt, spielen eine bedeutende Rolle in den Voodoo-Ritualen, da sie den Beginn der Zeremonien anzeigen. Zwei an ihren Stangen hängende Flaggen werden von zwei *ounsi, rèn drapeau,* Flaggenköniginnen, genannt, vom *baji,* dem heiligen Altarraum, in das *peristil,* den Hauptraum des Tempels, wo die Zeremonien stattfinden, getragen. Die *rèn drapeau* tanzen an den beiden Seiten des *laplas,* des Zeremonienmeisters, der zu Ehren von Ogou Feray ein Schwert oder eine Machete trägt. Die Flaggenträger verbeugen sich in die vier Himmelsrichtungen, begrüßen den Priester, der zum Zeichen des Respekts den Griff des Schwertes küsst. Der Tradition entsprechend, stellt eine der Flaggen, die bei der Zeremonie verwendet werden, Ogou Feray dar und die andere einen zweiten Geist, der eine besondere Bedeutung für den Tempel oder die Gemeinde hat. Die Pracht und der Glanz der farbenfrohen Flaggen dient dazu, die Gottheiten zu erfreuen und die Gedanken der Gemeinde auf das Göttliche zu konzentrieren.

43

Der Geist Agwe wird immer mit Booten und Fischen assoziiert. Dieses traditionelle Design stammt von Silva Joseph.

Flaggen als Kunst

Auch wenn die Voodoo-Flaggen ursprünglich nur für religiöse Zwecke hergestellt wurden, haben ihre reichen Farben, die ausladenden Stoffe und die althergebrachten Symbole nunmehr die Aufmerksamkeit des Kunstmarktes erregt. Sowohl die Gemeinden der haitianischen Auswanderer als auch die Kunsthändler haben die wundervollen Tapisserien nach New Orleans, Miami, New York, London und Paris gebracht. Die säkularen für den Export produzierten Flaggen werden ohne die dekorativen Säume hergestellt, welche die *drapo sèvis*, die heiligen Flaggen für die Zeremonien, kennzeichnen. Der zunehmende Wert in der Welt der Kunst hat bei den Künstlern zu einer Explosion der Kreativität geführt, und sie haben die Freiheit, mit den Formen der Flaggen zu spielen, entdeckt, auch wenn sie deren Inhalte nicht aufgegeben haben.

Danbala, von Jean Robert, wird symbolisch als der katholische Heilige St. Patrick mit einer Tiara und Schlangen abgebildet.

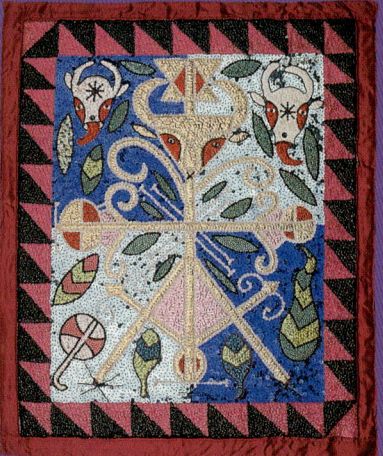

Bosu, der Geist des heiligen Bullen, wird auf dieser Flagge von Georges Valris durch seine *veve* dargestellt.

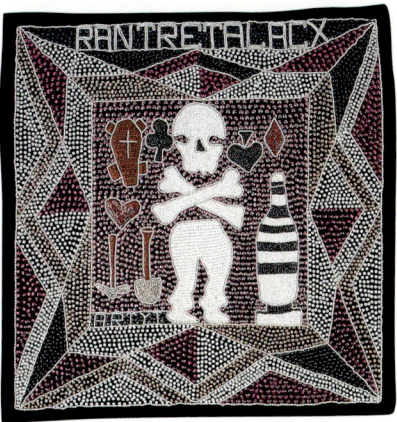

Yves Telemaque benutzt ausdrucks-
starke Bordüren, um die Macht des
Rantretalacx , eines der Geister der
Gede-Familie, hervorzuheben.

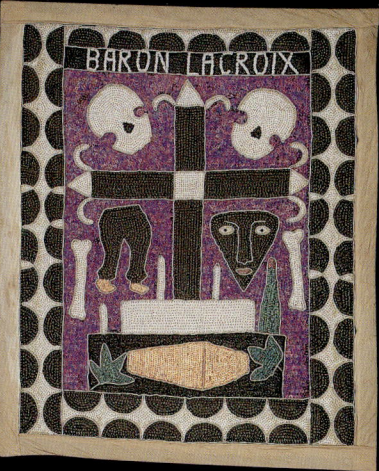

Diese Bawon Lakwa geweihte
Flagge von Edgard Jean Louis hat
die typischen Farben von Gede:
Schwarz, Purpur und Weiß.

Papa Zaka von Frère Noel trägt
die traditionelle Bekleidung und
den Hut der Bauern.

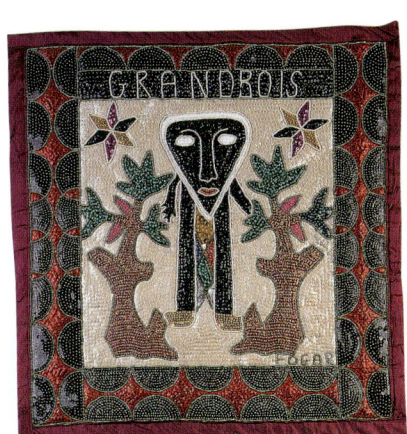

Edgard Jean Louis zeigt den Geist
Gran Bwa umgeben von Bäumen.

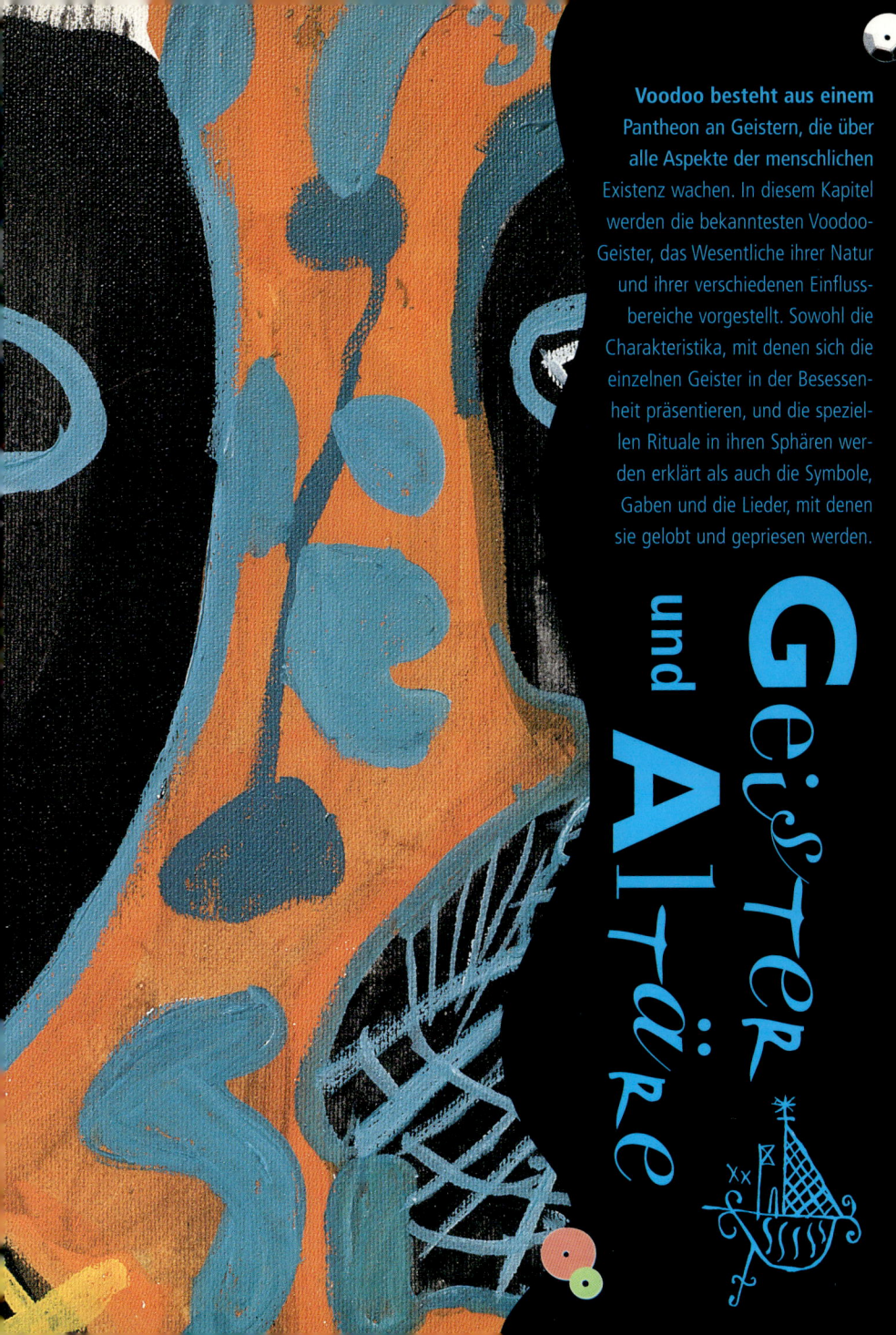

Voodoo besteht aus einem
Pantheon an Geistern, die über
alle Aspekte der menschlichen
Existenz wachen. In diesem Kapitel
werden die bekanntesten Voodoo-
Geister, das Wesentliche ihrer Natur
und ihrer verschiedenen Einflussbereiche vorgestellt. Sowohl die
Charakteristika, mit denen sich die
einzelnen Geister in der Besessenheit präsentieren, und die speziellen Rituale in ihren Sphären werden erklärt als auch die Symbole,
Gaben und die Lieder, mit denen
sie gelobt und gepriesen werden.

Geister
und Altäre

Voodoo ist eine eigentümliche Mischung aus Pantheis-
mus und Monotheismus. Die Voodoo-Anhänger verehren
einen obersten Gott, bekannt als Bon Dieu oder Bondyé, der außerhalb der Reichweite der einfachen Sterblichen ist und durch ein Pantheon von Geistern, die als göttliche Botschafter dienen, kommuniziert.

Das Pan-theon des VOODOO

Ein Elizi Dantò gewidmeter Altar in Bel Air, Port-au-Prince. Die Altäre tragen üblicherweise Bilder
von den Pendants der Geister unter den katholischen Heiligen und andere symbolische Objekte.

Die *Iwa* oder *mistè* genannten Geister sind metaphysische Mächte, die in der Besessenheit in die Körper der Sterblichen eindringen können. Man sagt, sie bestiegen und ritten die besessene Person während der Zeremonie. Wenn die Geister durch die Besessenheit erscheinen, geben sie wörtliche Mitteilungen von sich oder bringen manchmal eine allgemeine kollektive Erlösung. Man geht davon aus, dass die Geister sowohl die natürliche als auch die vom Menschen geschaffene Welt, darunter die Bäume, die Flüsse und Steine ebenso wie Puppen, Kreuze und rituelle Objekte, bewohnen. Die Geister sind die Verbindung zwischen den Menschen und dem Universum und offenbaren das Unsichtbare, das Schattenland und die tiefen Mysterien des Lebens.

Die Geister dominieren unterschiedliche Bereiche der menschlichen Aktivitäten, vom Säen bis zum Ernten, von der Liebe bis zum Krieg, von der Geburt bis zum Tod. Sie erläutern die Situation des Menschen aus einer haitianischen Perspektive: die Freuden, Leiden und die Mühsal des täglichen Lebens; die Geschichte und den Kampf der Sklaven; die kulturelle Geschichte der afrikanischen Vorfahren. Alle Aspekte menschlicher Erfahrungen werden von den *Iwa* widergespiegelt. Die Geister reflektieren Freundlichkeit und Böswilligkeit, Rache und Schutz, Mangel und Überfluss. Das Pantheon wächst immer weiter und hat regionale und familiäre Varianten. Manche Geister sind uralte Götter der Naturreligionen aus West- und Zentralafrika, manche stammen aus der Geschicht Haitis und manche sind einfach nur Vorfahren. Die Formen, welche die Geister annehmen, können auch sehr variieren, von stark vermenschlichten Geistern mit einer lauten und farbigen Persönlichkeit bis zu vagen, abstrakten Geistern, die über mysteriöse Reiche herrschen.

Jeder Geist wird mit Altären geehrt, die sowohl säkulare wie heilige Objekte bewahren, die dem speziellen Geist lieb und teuer sind. Die Altäre der Geister stehen in kleinen *badji* genannten Räumen, die entlang der Peripherie des Tempels liegen. Die Objekte auf den Altären reichen von Chromolithographien katholischer Heiliger und Flaschen mit Rum und Parfum bis hin zu kleinen Booten, Schaufeln und Puppen. Geschenke und Opfergaben werden auf die Altäre gelegt, um die Geister für ihre Hilfe und ihren Schutz zu belohnen.

Auf den folgenden Seiten finden Sie Beschreibungen der größeren *Iwa* im Voodoo mit Details der Charaktere und Einflussbereiche. Wo es möglich ist, werden die Formen, welche die Geister während der zeremoniellen Besessenheit annehmen, beschrieben zusammen mit einigen speziellen Gebräuchen und Zelebrationen für die einzelnen Geister. Eine zusammenfassende Tabelle steht auf den Seiten 50–51.

Charakteristik der Geister

Name	Einflusssphären	Farben	Symbole
Papa Legba *(Seiten 52–53)*	Geist der Rituale, Hüter der Tore und Schützer der Scheidewege zwischen der heiligen und sterblichen Welt	Rot, Weiß	Kreuz, Schlüssel, Wanderstock, Krücken
Die Marasa *(Seiten 54–55)*	Die heiligen Zwillinge werden mit der Medizin assoziiert und dienen als Beschützer der Kinder und der Fruchtbarkeit		Palmblätter
Loko Atisou & Ayizan *(Seiten 56–57)*	Patrone der Priesterschaft	Weiß und Rot für Loko Atisou; Weiß und Silber für Ayizan	Roter Hahn für Loko Atisou, Palmblätter für Ayizan
Danbala & Ayida Wèdo *(Seiten 58–61)*	Danbala, der oberste Schlangengott, und seine Gemahlin Ayida Wèdo, die Herrscherin der Himmel, werden mit Weisheit für beide verbunden	Weiß für Danbala und Weiß und Blau für Ayida Wèdo	Schlangen und Eier für Danbala, Regenbogen für Ayida Wèdo; weißes *paket kongo* für beide
Ezili Freda *(Seiten 62–65)*	Geist der Liebe und Schönheit	Rosa, Hellblau	Buntes Herz, weiße Lampe in weißer Schale, rosafarbenes *paket kongo*
Agwe & Lasiren *(Seiten 66–69)*	König und Königin des Meeres	Weiß und Blau für Agwe; Blaugrün für Lasiren	Boote, kleine Metallfische, Paddel für Agwe; Spiegel, Kamm, Trompete, Muscheln für Lasiren
Simbi *(Seiten 70–71)*	Schutzpatron des Regens und der Strömung der Flüsse und Meister aller Magier	Weiß, Grün	Schlangen in einem Feld aus Kreuzen, ein Teich oder eine Quelle
Papa Zaka *(Seiten 72–73)*	Schutzpatron der Landwirtschaft	Blau, Rot	Ein *makout*, Pfeife, Machete, blaues *paket kongo*
Ogou *(Seiten 74–77)*	Familie von Kriegergeistern	Rot	Machete, in die Erde gestoßenes Schwert, roter Schal und Flaggen, rotes *paket kongo*
Ezili Dantò *(Seiten 78–81)*	Die große Matriarchin	Blau, Rot, vielfarbig	Krug mit Blut und Messern, schwarze Puppen, blaues *paket kongo*
Gran Bwa *(Seiten 82–83)*	Herrscher der Wälder und Teil der Dreiheit von Magiern, die über die Initiation und die Heilung wachen	Braun, Grün	Eigenartig geformte Holz- und Wurzelstücke
Bosou *(Seiten 84–85)*	Die Fruchtbarkeit des Bodens	Rot, Schwarz, Weiß	Bullenkopf, Hörner
Gede *(Seiten 86–89)*	Familie von Geistern, die als Beschützer der Toten und Vermittler zwischen Leben und Tod agieren	Purpur, Schwarz, Weiß	Totenköpfe, schwarze Kreuze, Schaufeln, mit *kleren* versetzte rote Chilischoten

Opfergaben	Zeremonielle Besessenheit	Lieblingspflanze	Katholische Pendants
Gegrilltes Huhn, süße Kartoffeln, Bananen, Knochen, kleiner Beutel mit *kleren*, Tabak und Pfeife in einen Baum oder Eingang gehängt	Die Zelebranten hinken im Tempel und verlangen wie ein hinfälliger alter Mann nach einem Stock	Kalebassenbaum	Petrus, St. Antonius, St. Lazarus
Geschmortes Zicklein in Bananenblättern, Spielzeug, Süßigkeiten, sprudelnde Getränke, Popkorn	Die Zwillinge erscheinen in einer durch Kräuter verursachten Besessenheit		St. Kosman und St. Damian
Hahn	Diese Geister leiten die gesamte Zeremonie und erscheinen nur selten in der Besessenheit	Seidenwollbaum für Loko Atisou; Palme für Ayizan	St. Josef für Loko Atisou
Weiße Hühner, weiße Eier, Reis, Milch	Die Zelebranten fallen auf den Boden, schlängeln sich und züngeln	Baumwollpflanze	St. Patrick für Danbala; die unbefleckte Jungfrau Maria für Ayida Wèdo
Süße Kuchen, rosa Champagner, Parfum, Make-up, schlanke Virginia-Zigaretten, weiße Tauben	Die Zelebranten tanzen verführerisch und flirten kokett und manchmal ausschweifend	Lorbeer	Mutter Dolorosa vom Kalvarienberg
Champagner, Schnäpse, Kuchen, weiße Schafe und weiße Hennen für Agwe; weiße Tauben, Parfum, Spiegel und süßer Weißwein für Lasiren	Von Agwe besessene Zelebranten sitzen rückwärts auf einem kleinen Stuhl und durchkreisen den Tempel mit einem kleinen Paddel		St. Ulrich für Agwe; Unsere Mutter von Caridad und St. Martha für Lasiren
Weiße Tiere	Die Zelebranten fühlen sich von Teichen und Flüssen angezogen	Mango, Kalebassenbaum, Ulme	Drei Weisen aus dem Morgenland, Moses
Maniokbrot, Zuckerrohr, Reis mit Bohnen, Tabak, *kleren*	Sie tragen Pfeife und *makout*, rollen ein Hosenbein hoch, humpeln umher und verschlingen das Essen in einer Ecke	Avocado	St. Isidor
Roter Hahn, Reis mit roten Bohnen, 5-Sterne-Barancourt-Rum, Zigarren, Bullen	Sie tragen einen roten Schal und ein Schwert, tanzen feurig, fluchen wie Soldaten und verlangen nach Rum	Kalebassenbaum	St. Jakobus der Ältere
Barbancourt-Rum, schwarze Schweine, gebratenes Schweinefleisch, starke Zigaretten	Die Zelebranten verkrampfen, ballen die Fäuste, reißen die Augen auf wie Löwen und wiehern wie Pferde		Die Madonna von Tschenstochau, St. Barbara, die Madonna vom Berg Karmel
Blätter, Blumen, Tabak, *kleren*, Maismehl, Erdnusskuchen, Maniokbrot		Seidenwollbaum	St. Sebastian
Gebratenes Rindfleisch	Die Zelebranten schnauben und grunzen und verhalten sich wie ein Elefant im Porzellanladen		St. Vinzenz von Paul
Schwarzer Hahn, schwarze Ziege	Sie kleiden sich purpur und schwarz, tragen Sonnenbrillen und stolzieren fluchend umher		St. Gerhard

Papa Legba

Papa Legba ist ein uralter Geist,
der mit den Sklaven auf den
Schiffen von Dahome nach Haiti
reiste. Er ist der Geist der Rituale, der
Wächter der Tore und der Beschützer
der Scheidewege.

FarbEn: Rot, Weiß

SymbOle: Kreuz, Schlüssel,
Wanderstock, Krücken

OpfergabEn: Gegrilltes Huhn,
süße Kartoffeln und Bananen,
Knochen, kleine Beutel mit *kleren*,
Tabak und Pfeife in einen Baum
oder einen Eingang gehängt

Lieblingsbaum:
Kalebassenbaum

KathOlische Pendants:
Petrus, St. Antonius, St. Lazarus

Papa Legba wacht über den Eingang
zur Welt der Geister. Als Meister der
Scheidewege hilft er uns, wenn wir
uns verirrt oder Dinge verlegt haben.
Er besitzt auch einen Schattengänger, Kalfou, einen Schwindler, der die
Geister der Unterwelt begleitet und uns unseren Weg verlieren lässt und
Unordnung in unser Leben bringt. Papa Legba ist der Hüter der Eingän-
ge zu den Tempeln und Häusern. Er ist der mächtige Geist der Kom-
munikation zwischen allen Sphären des Lebens und des Todes. Sein
Symbol ist das Kreuz, weil er an dem Scheitelpunkt des Kreuzes
wohnt, das den Himmel von der Erde trennt. Papa Legba hat unterschiedliche katholische Pendants. Er entspricht Petrus, weil er auch einen Schlüssel hält; St. Antonius, dem Schutzheiligen der verlorenen
Gegenstände; und St. Lazarus, weil auch dieser auf Krücken geht.

Zeremonielle Besessenheit

Papa Legba ist immer der erste Geist, der während einer Zeremonie
begrüßt wird, weil er die Schlüssel zu Ginen, dem Heimatland
der Vorfahren, besitzt. Die anderen Geister können die Erde
nicht besuchen, bevor Papa Legba die Tore öffnet. Er wird als

Papa Legba liebt als Opfergabe kleren, einen Zuckerrohrschnaps (oben
links); die Schlüssel zu den Scheidewegen sind sein Symbol (rechts).

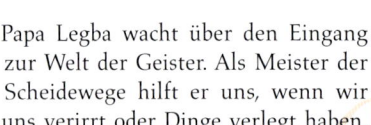

alter, gebrechlicher, lahmer Mann dargestellt, der eine Krücke benötigt. Wenn sie von Papa Legba besessen sind, hinken die Zelebranten im Tempel umher und verlangen wie ein streitsüchtiger alter Mann nach einem Stock.

Gebräuche und Zelebrationen

Oft wird eine *makout*, eine kleine Strohtasche, gefüllt mit einer Flasche *kleren*, einer Pfeife und etwas Tabak, an einen Kalebassenbaum in der Nähe des Tempels gehängt. Er mag auch kleine Stapel aus Knochen an den Scheidewegen ganz besonders. Es gibt einen besonderen Tanz zu Ehren von Papa Legba, der sich auf den Tanz um den phallischen Stock für den afrikanischen Geist Legba, der in Dahome in Afrika angebetet wird, zurückführen lässt. Ein Besessener kommt mit einem gegabelten Ast als Krücke in den Tempel, windet sein Bein um diesen Stock und führt einen eigenartigen, grotesken Tanz auf, ehe er zu Boden fällt.

Lied für Papa Legba

Papa Legba öffne mir das Tor,

damit ich durchgehen kann

Wenn ich zurückkehre,

werde ich die Geister ehren

Pailletten-bestickte zeremonielle Flagge mit der veve von Papa Legba.

53

Die **Marasa**

Die Marasa sind die heiligen Zwillinge, die Geister der aller- ersten Kinder von Bondyé, die Beschützer der Kinder und der Fruchtbarkeit.

Einflussbereiche: Kinder, Fruchtbarkeit, Medizin

Symbol: Palmblätter

Opfergaben: Geschmortes Zicklein in Bananenblättern, Spielzeug, Süßigkeiten, sprudelnde Getränke, Popkorn

Katholische Pendants: St. Kosmas und St. Damian

Die Marasa zu ehren bedeutet sich an der Dualität der Natur von Mensch und Univer- sum zu erfreuen: der Anerkennung des Menschlichen und Göttlichen, des Sterblichen und des Unsterblichen und der Verbindung zwischen der realen Welt und dem Reich der Geister. Die haitianische Gesellschaft schreibt Zwillingen starke göttliche Kräfte zu. Noch stärkere Macht wird jedoch dem direkt nach der Geburt von Zwillingen geborenen Mädchen oder Jungen zugeschrie- ben. Ein solcher Junge wird *dosou* genannt, ein solches Mädchen *dosa*. Dieser Glaube beruht darauf, dass die heiligen Zwillinge nur zwei aus einer Dreiheit sind und das nachgeborene Kind die Wieder- herstellung der göttlichen Dreifaltigkeit versinnbildlicht.

Gebräuche und Zelebrationen

Opfergaben für die Marasa werden in kleinen Töpfen dargeboten, die aus zwei wie tönerne siamesische Zwillinge miteinander verschmol- zenen Tongefäßen bestehen. Teils hei- lig, teils säkular, bilden die Marasa ein Band zwischen den irdischen und den himmlischen Sphären und werden in

Siamesische Zwillingspuppen werden verwendet, um die Marasa zu repräsentieren (links). Eine Voodoo-Flasche mit der Abbildung der Heiligen Kosmas und Damian (rechts).

"Geburt der Marasa" von Jonas Balan. In der haitianischen Gesellschaft wird Zwillingen starke göttliche Kräfte zugeschrieben.

LieD füR die
MARASA

Dies ist das Essen,

dies ist das Wasser

Nehmt euch der Familie an,

wenn es der Familie schlecht geht

ihr beschützt die Familie

ihr helft der Familie

den Zeremonien früh meistens nach Papa Legba angerufen. In der Besessenheit offenbaren die Marasa die Geheimnisse der Heilkräuter.

Der Monat zwischen dem 6. Dezember (Nikolaustag) und dem 6. Januar (Epiphanie) ist die Zeit der Zwillinge, währenddessen ein besonderes Fest, *mange Marasa*, gefeiert wird. Die Zwillinge werden häufig auch am 28. Dezember, dem Tag der Tötung der unschuldigen Kinder, gefeiert und gefüttert, um die lebenden Kinder zu schützen und die gestorbenen Kinder zu ehren und ihren Eltern Tost zu spenden. Die Kinder werden zum *mange Marasa* mitgebracht, um die Marasa zu repräsentieren und die Opfergaben an ihrer Stelle anzunehmen.

LOKO ATISOU und AYIZAN

Loko Atisou und Ayizan sind die Schutzpatrone der Voodoo-Priesterschaft. Sie sind die uralten Geister der allerersten Priester und Priesterinnen und einflussreiche Mitglieder des Voodoo-Pantheon.

Loko Atisou ist der Wächter der Tempel, der Oberherr der Priester und der Beschützer der *ason,* der heiligen Rassel, seines mächtigsten Werkzeugs. Er wird oft als kämpfender Hahn dargestellt und herrscht über den *poto mitan,* die Säule im Mittelpunkt des Tempels, der als metaphysische Straße der Geister dient. Er behütet den göttliche Übergang zwischen Himmel und Erde und ermöglicht es den Geistern, aus ihrem spirituellen Reich zu dem Tempel zu reisen. In einer

FarbEn: Weiß und Rot für Loko Atisou; Weiß und Silber für Ayizan

SymbOle: Roter Hahn für Loko Atisou; Palmblätter für Ayizan

OpfergabEn: Hahn

Lieblingsbaum: Seidenwollbaum für Loko Atisou; Palme für Ayizan

KathOlische Pendants: Der Heilige Josef für Loko Atisou

Hymne an Loko, die während der Zeremonie gesungen wird, heißt es „Die Schlüssel zum Tempel sind in deiner Hand".

Ayizan ist die Gemahlin von Loko Atisou und die Beschützerin der Priesterinnen und Zelebrantinnen in einer Gemeinde. Sie ist auch die Schutzpatronin der Marktplätze, des traditionellen Treffpunkts der haitianischen Frauen.

Zeremonielle Besessenheit

Als Repräsentanten der allerersten Priester wachen Loko Atisou und Ayizan über die gesamte Zeremonie und erscheinen selten in der

Loko Atisou wird oft als Hahn dargestellt oder abgebildet.

Besessenheit. Jeder Zelebrant hat seinen eigenen ihn dominierenden Geist, *mèt tèt* genannt, das bedeutet Herrscher des Kopfes. Loko Atisou offenbart während der Zeremonie durch den amtierenden Priester die Identität dieses Geistes. Loko Atisou und Ayizan werden gleich nach Papa Legba und immer vor den anderen Geistern begrüßt.

Gebräuche und Zelebrationen

Ayizan wird während der Zeremonien für die spirituelle Geburt und die Initiation angerufen. Ihr Symbol ist der Palmwedel, der während der Zeremonie eingeschnitten und von den Initiierten als Maske getragen wird. Loko Atisou ist gemeinsam mit Gran Bwa der Geist der Vegetation und die Opfergaben für ihn werden oft in den heiligen Seidenwollbaum gehängt.

Bei ihrer Initiation werden die Voodoo-Priester mit sieben paket kongo, darunter einem gelben für Loko Atisou, beschenkt.

Ounsi schwenken Palmwedel zu Ehren von Ayizan während eine Zeremonie in Bel Air, Port-au-Prince.

Danbala und Ayida Wèdo

Danbala, der oberste Schlangengeist, bildet zusammen mit seiner Gemahlin Ayida Wèdo, der Herrscherin des Himmels, die kosmische Verbindung zwischen dem Himmel und dem Meer.

Sie sind uralte und ursprüngliche Gottheiten und im Voodoo-Pantheon die Verbindung zur Erschaffung des Kosmos. Sie werden oft zusammen mit einem Ei abgebildet, um ihre Funktion bei der Entstehung des Lebens zu symbolisieren. Sie werden mit Weisheit und Fruchtbarkeit assoziiert und hausen in Quellen, Teichen sowie Donner und Blitz.

Die Anfänge von Danbala und Ayida Wèdo kann man bis auf die religiösen animistischen Praktiken in Dahome, Westafrika, zurückverfolgen. Dort war Da der Schlangengott, die Macht, die das Leben kontrollierte, und einer seiner Erscheinungsformen war Da Ayido Hwèdo. St. Patrick wurde als katholisches Gegenstück für Danbala gewählt, weil er immer mit einer Schlange zu seinen Füßen abgebildet wird.

Hölzerne Schlange als Repräsentation von Danbala (oben); Opfergaben und heilige Objekte für Danbala und Ayida Wèdo (rechte Seite).

FarbEn: Weiß für Danbala; Weiß und Blau für Ayida Wèdo

SymbOle: Schlangen und Eier für Danbala; Regenbogen für Ayida; weißes *paket kongo* für beide

OpfergabEn: Weiße Hühner, weiße Eier, Reis, Milch

LieblingspflanzE: Baumwollpflanze

KathOlische Pendants: St. Patrick für Danbala; die unbefleckte Jungfrau für Ayida Wèdo

Der Mythos der Erschaffung von Danbala und Ayida Wèdo

Am Anfang gab es eine riesige Schlange, deren Körper 7000 Windungen unter der Erde formte, um sie davor zu bewahren, in dem unergründlichen Meer zu versinken. Dann begann die riesenhafte Schlange sich zu bewegen, erhob ihren massigen Körper von der Erde, um den Himmel zu erschaffen.

Sie verstreute die Sterne am Firmament und wand ihr straffes Fleisch die Berge hinab und erschuf die Flüsse. Sie schleuderte Blitze auf die Erde und schuf die heiligen Donnersteine. Aus ihrem tiefsten Inneren entströmten die heiligen Wasser und erfüllten die Erde mit Leben. Als der erste Regen fiel, überspannte ein Regenbogen den Himmel und Danbala nahm sie, Ayida Wèdo, zu seiner Frau. Der spirituelle Nektar, den sie erschufen, reproduziert sich in jedem Mann und in jeder Frau als Samen und „Milch". Die Schlange und der Regenbogen lehrten die Menschheit die Zusammenhänge zwischen Menstruation und Geburt sowie dem höchsten Voodoo-Sakrament des Blutopfers.

Weiße Eier werden benutzt, um die Rolle der Geister bei der Entstehung des Universums zu versinnbildlichen.

Zeremonielle Besessenheit

Wenn Zelebranten von Danbala besessen werden, fallen sie zu Boden, winden und schlängeln sich wie Schlangen und züngeln. Während der Besessenheit werden die Zelebranten oft dazu getrieben, den *poto mitan* in der Mitte des Tempels, der häufig zu Ehren von Danbala mit ihn umwindenden Schlangen verziert ist, hinaufzuklettern. Die *ason*, das mächtigste Werkzeug des Pries-

Metallarbeit für Danbala und Ayida Wèdo von John Sylvestre.

ters, enthält Schlangenwirbel, die das rasselnde Geräusch verursachen, das die Stimme der göttlichen Schlange repräsentiert. Es kommt oft vor, dass Danbala Menschen im Traum erscheint und sie ermutigt, die *ason* in die Hand zu nehmen und Priester zu werden.

Gebräuche und Zelebrationen

Auf Haiti gibt es eine jährliche Pilgerfahrt nach Saut d'Eau, einem erstaunlichen Wasserfall, der einen von kleinen Regenbogen durchkreuzten Nebel erzeugt. Der See, in den die Wasser hinunterfließen, ist das Reich von Danbala und anderen Wassergottheiten. Der 16. Juli, der Tag dieser Pilgerfahrt und Zelebration, ist auch der Tag von Ezili Freda, die dort in der Nähe als Jungfrau Maria erschienen ist. Die Pilger beten und baden in den heiligen Wassern des Wasserfalls und werden oft von Danbala besessen. Kleine Opfergaben und Kerzen werden auf den Ästen der Bäume rund um den Wasserfall angebracht.

LieD füR DANƀALA

Der Geist, der im Wasser wirkt,

es ist Danbala

Der Geist, der im Wasser wirkt,

es ist Danbala

Papa Danbala ist die Quelle

Papa Danbala ist die Quelle

„Danbala" von Fleurentus zeigt den Geist als eine lange, sich windende Schlange mit einem menschlichen Haupt.

61

Ezili Freda

Ezili Freda ist die Göttin der Liebe und sie wird mit allen Aspekten der Schönheit verbunden. Sie liebt Blumen, Schmuck, schöne Kleider und edle Parfums. Sie wird als feminine, hellhäutige Mulattin visualisiert und gilt als Inbegriff der Verführung. Ezili Freda ist ein bisschen faul, arbeitet nie und zieht es vor, sich den ganzen Tag über die Nägel zu lackieren.

FarbEn: Rosa, Hellblau

SymbOle: Bunte Herzen, weiße Lampe in weißer Schale, rosafabenes *paket kongo*

OpfergabEn: Süßer Kuchen, rosa Champagner, Parfum, Make-up, schlanke Virginia-Zigaretten, weiße Tauben

Lieblingsbaum: Lorbeer

KathOlische Pendants: Mutter Dolorosa vom Kalvarienberg

Ezili Freda liebt Schmuck, besonders mit rosafarbenen und blauen Steinen (oben); Opfergaben und Symbole für den Altar von Ezili Freda (rechts).

Voodoo-Priester platzieren eine Chromolithographie der Mutter Dolorosa auf dem Altar der Ezili Freda. Das ist eine hellhäutige Jungfrau Maria, die eine Krone trägt und von Schmuck und Juwelen umrandet ist. Elizi Freda ist polygam und trägt drei Ringe, um ihre wichtigsten Liebhaber zu signalisieren. Sie ist die Gemahlin von Ogou, die Konkubine von Danbala und die Geliebte von Agwe.

Zeremonielle Besessenheit

Wenn Ezili Freda Zelebranten „reitet", tanzen sie verführerisch, wiegen ihre Hüften hin und her und flirten kokett mit den männlichen Mitgliedern der Gemeinde. Manchmal agieren sie mit wilder Hemmungslosigkeit, bedecken die Männer mit Küssen und reiben sich an ihnen.

Ezili Freda gibt sich gegenüber den weiblichen Mitgliedern der Gemeinde eher reserviert und zeigt ihnen höchstens ihre Wertschätzung mit dem gekrümmten Finger.

Ebenso, wie sie Liebe und Wohlwollen demonstriert, kann sie auch Eifersucht und Verblendung darstellen. Sie kann sich hoffnungslos verzehren, ständig auf der Suche, ohne je Erfüllung zu finden. Gegen Ende der Besessenheit bricht Ezili Freda häufig auf dem Boden zusammen und weint Tränen um ihre unerwiderte Liebe und die unerfüllten Träume.

Um Ezili Freda zu versinnbildlichen, werden die verschiedensten Bilder der Jungfrau Maria auf die Altäre gestellt.

Gebräuche und Zelebrationen

Es wird behauptet, die Jungfrau Maria sei auf der Spitze einer Palme in einer kleinen Stadt namens Ville Bonheur in der Nähe von Mirebalais auf Haiti erschienen. Pilger begannen als kleine Opfergaben Speisen für Ezili Freda am Fuße dieses Baumes niederzulegen. Der örtliche Priester ordnete hastig an, die Palme zu fällen. Eine Woche später brannte das Haus des Priesters ab und kurz danach starb er an einem Schlaganfall. Am 16. Juli, dem heiligen Feiertag der Jungfrau Maria, kommen Pilger aus ganz Haiti zu den Wasserfällen von Saut d'Eau in der Nähe von Ville Bonheur, um in diesen gesegneten Wassern, die gleichzeitig auch Danbala und Ayida Wèdo gewidmet sind, zu baden. Die Pilger hängen pinkfarbene und blaue Schärpen an die Bäume in der Nähe der Wasserfälle und hoffen, das Glück und der Zauber von

Blaue mit Pailletten geschmückte Flasche mit einem roten Herz für Ezili Freda, den Geist der Liebe.

LieD füR
Ezili Freda

Edle Ezili, stolze Ezili

Herausgeputzte Ezili,

sie denkt, sie sei jemand

Ezili ist verheiratet, sie ist unglücklich

Ezili ist erniedrigt, sie ist unglücklich

Ezili Freda mögen auf sie übergehen.

Viele Männer gehen eine mystische Ehe mit Ezili Freda ein. Gleich wenn sie verheiratet sind, müssen sie ein weiß geschmücktes, mit Samt behängtes und von Parfum duftendes Schlafzimmer, in dem ein Brautbett steht, für ihre göttliche Frau bauen. Jeden Donnerstag muss der Ehemann die Nacht allein in diesem Zimmer verbringen und dann erscheint ihm Ezili Freda in seinen Träumen. Ihre Gefährten riskieren es, ihren Zorn zu wecken, wenn sie sich an diesem besonderen Tag für Ezili Freda nicht sexuell enthalten oder fluchen und trinken.

Großes paket kongo in Rosa und Blau für Ezili Freda von Jean Romy Jean Louis.

Agwe und Lasiren

Agwe und Lasiren sind der König und die Königin der Meere. Sie werden immer angerufen, wenn zu Wasser gelassen wird. Agwe wird als Mulatte mit grünen Augen visualisiert und mit dem Namen Admiral Agwe bedacht. Er ist der Beschützer der Boote und sorgt für gute Fahrten und Fänge. Agwe wird mit St. Ulrich verbunden, weil dieser im Allgemeinen mit einem Fisch in der Hand abgebildet wird.

Lasiren, die Gemahlin des Agwe, ist eine Meerjungfrau, die das Wissen der tiefen Wasser besitzt. Man sagt von ihr, sie mache auf dem Grund des Ozeans eine unheimliche Musik und sie gilt als die Schutzpatronin der Musiker. Lasiren ist eine Mischung aus den weiblichen Eigenschaften von Ezili Freda und Ezili Dantò. Wie Freda ist sie verführerisch, aber auch mächtig und stark wie Dantò. Wenn sie angegriffen wird, kann sie diese Person in ein nasses Grab locken. Wie ein zweifarbiger Fisch wird sie mit doppelten Aspekten charakterisiert. Als Lasiren ist sie bezaubernd, weiß und hat lange blonde Haare. Ihre Schattengängerin ist Labalenn, der Wal, der schwarz, glänzend und erschreckend ist und die dunklen Schatten repräsentiert, die man tief unter den Wogen erblicken kann.

Puppenskulptur in Form eines Bootes für Agwe von Pierrot Barra (rechts): Muscheln sind das Symbol für Lasiren (links).

FarbEn: Weiß und Blau für Agwe; Blaugrün für Lasiren

SymbOle: Boote, kleine Metallfische, Paddel für Agwe; Spiegel, Kamm, Trompete, Muscheln für Lasiren

OpfergabEn: Champagner, Schnäpse, Kuchen, weiße Schafe, weiße Hennen für Agwe; weiße Tauben, Parfum, Spiegel, süßer Weißwein für Lasiren

KathOlische Pendants: St. Ulrich für Agwe; Unsere Mutter von Caridad und St. Martha für Lasiren.

Zeremonielle Besessenheit

Wenn sie von Agwe besessen sind, sitzen die Zelebranten auf einem kleinen Stuhl und durchkreisen keuchend und schnaufend mit kleinen Paddeln den Tempel. Wenn sie für Agwe tanzen, bewegen sie ihre Körper, als würden sie unter Wasser schwimmen.

Viele Voodoo-Priesterinnen behaupten, sie hätten ihre Fähigkeiten von Lasiren erhalten. Sie träumen, sie seien durch die Wasser in das Reich der Meerjungfrau gebracht und dort über die priesterlichen Gerätschaften, die heiligen Rituale und das göttliche Wissen instruiert worden.

Gebräuche und Zelebrationen

Haiti ist eine Inselnation und Agwe daher ein einflussreicher Geist, der regelmäßig, besonders in den küstennahen Tempeln, geehrt und gespeist wird. Rituelle Boote werden zu seiner Ehre in die Dächer der Tempel gehängt. Agwe wird unter verschiedenen Namen angerufen, zum Beispiel „Muschel des Meeres" oder „Kaulquappe des Sees". Man sagt, er kann all die Schätze, das Gold und die Juwelen beschaffen, die auf den Meeresgrund gesunken sind.

Der Geist der Meerjungfrau Lasiren verlockt die Menschen auf dem Meer nach Ginen, der beschaulichen Heimat der Ahnen unter den wogenden Wellen des Lebens und des

LieD füR **A**gw^e

Wachsam die Engel im Wasser

Unter dem Spiegel

Oh, er sieht sie, er sieht sie

Wachsam die Engel unten im

Wasser, oh er sieht sie

Puppenskulptur der Lasiren als Meerjungfrau von Pierrot Barra.

Lied füR Lasiren

Die Meerjungfrau, der Wal

Mein Hut fällt ins Meer

Ich liebkose die Meerjungfrau

Mein Hut fällt ins Wasser

Ich lege mich nieder

mit der Meerjungfrau

Mein Hut fällt ins Wasser

Agwe ist der Schutzpatron der Schiffe und durch Boote auf seinen Altären symbolisiert.

Meeres, zurückzukehren. Ihre ambivalente Anziehungskraft liegt einerseits in der Furcht vor dem Ertrinken und andererseits in dem starken kindlichen Verlangen, in das mütterliche Wasser, das spirituelle Refugium, heimzukehren. Das ist die Wahl, vor der viele der Sklaven auf ihrer barbarischen Überfahrt von Afrika nach Westindien standen, da nur das Meer eine Möglichkeit der Flucht aus dem Elend der Sklaverei bot. Um die Angst vor dem Tod zu überwinden, versinnbildlichte das Meer bald die Heimkehr in das Heimatland Afrika und Ginen.

Die Messen für Agwe und Lasiren finden an der Küste statt und die Geschenke und Opfergaben werden auf einem kleinen Floß zu Wasser gelassen, das versinkt und in das Königreich tief unter dem Meer gelangt. Die Tücher, in welche die Speisen eingehüllt werden, sind blau und weiß und die weiße Opferziege wird mit Indigo blau angemalt. Es gibt die Legende, dass die von Lasiren Besessenen während der Zeremonie zum Meeresgrund tauchen und mit sieben Fischen und sieben Münzen zurückkehren.

„Agwe und Lasiren" von Jonas Balan zeigt die Geister des Meeres mit einer Schar von Fischen.

69

Simbi

Simbi ist der Schutzpatron des Regens, der Strömung der Flüsse und der Meister aller Magier. Er bewohnt sowohl die himmlischen als auch die unergründlichen Wasser, das Salz- und das Süßwasser.

Farben: Weiß, Grün

Symbole: Schlange in einem Feld aus Kreuzen, ein Teich oder eine Quelle

Opfergaben: Weiße Tiere

Lieblingsbaum: Mango, Kalebassenbaum, Ulme

Katholische Pendants: Drei Weisen aus dem Morgenland, Moses

Die Einflusssphären von Simbi umfassen sowohl die von Danbala, die Lüfte, als auch die von Agwe, die Meere. In den Städten wacht Simbi über den Fluss der elektrischen Energie, von der Beleuchtung bis zum Telefonieren. Man glaubt, dass Simbis Wurzeln zu den *zemi* reichen, dem Wort der indigenen Indianer für den magischen Fetisch. Als Schutzpatron der Magie überwacht er das Schnüren der *paket kongo*.

Zeremonielle Besessenheit

Simbi ist ein zurückgezogener Geist, der die Einsamkeit seiner nassen Bleibe bevorzugt und die von ihm Besessenen fühlen sich zu den Teichen und Flüssen gezogen.

Chromolithographie von Moses, einem von Simbis katholischen Pendants (oben); Simbi liebt eine Reihe von Bäumen, darunter den Mangobaum (oben links), da er Mangofrüchte gerne mag.

LieD füR **S**i**м**^bi

simbi in den beiden Wassern

Warum mögen die Leute mich nicht?

Weil meine magische

Macht gefährlich ist

sie mögen meine magischen

Kräfte, um mitten in der Nacht

wandern zu können

Blassgrünes
paket kongo
für simbi

Gebräuche und Zelebrationen

Es gibt jedes Jahr in Soukri ein Festival zu Ehren der Nation der Kongo-Geister, bei dem Hunderte sich aus Verehrung für Simbi in den Fluss stürzen. Frauen wiegen sich in Ekstase im seichten Wasser zwischen dem Schilf, wobei ihre Kleider sich im Strom ausrichten. Kinder mit heller Haut werden aus Furcht, von den Simbi verschleppt zu werden, davor gewarnt, zu nahe an Quellen zu spielen. Die geraubten Kinder werden dazu gezwungen, unter Wasser als Diener zu arbeiten. Wenn sie aus ihrem Gefängnis im Wasser entlassen werden und auf die Oberfläche der Erde zurückkehren, wird ihnen die magische Gabe des Hellsehens zugeschrieben.

Ounsi ehren simbi,
während sie bei dem
alljährlichen Fest der
soukri im Fluss baden.

Papa Zaka

Papa Zaka ist der Schutzpatron der Landwirtschaft und trägt die traditionelle Kleidung eines Bauern: Strohhut, Drillichanzug und rotes Halstuch. Ein kleiner Strohbeutel hängt immer an seiner Schulter und er trägt eine Machete. Er arbeitet hart, hat einen großen Appetit und bevorzugt das einfache Essen der Bauern auf Haiti.

FarbEn: Blau, Rot

SymbOle: *makout*, Pfeife, Machete, blaues *paket kongo*

OpfergabEn: Maniokbrot, Zuckerrohr, Reis mit Bohnen, Tabak, *kleren*

Lieblingsbaum: Avocado

KathOlische Pendants: St. Isidor

Er wird auch unter dem Namen Azaka, Mazaka oder Kouzen angerufen. Der Name Papa Zaka kommt aus der präkolumbianischen Zeit von den indigenen Taino-Indianern und stammt entweder von dem Wort *zada,* das bedeutet Mais, oder *maza,* das heißt Kukuruz. Er dient der Erinnerung an das gemeinsame Erbe, die bäuerlichen Wurzeln, die Familienbande und die tiefe Beziehung zum Boden. Papa Zaka ist verantwortlich für erfolgreiche Ernten und ist für seine Leute, die notleidenden haitianischen Bergbauern, ein besonders starker Geist. Papa Zaka wird in den Gemälden und auf den Voodoo-Flaggen häufig als der katholische Heilige St. Isidor, ein ehrfürchtiger armer Landarbeiter, dem Schutzengel halfen seine mühselige

Blaue paillettenbesetzte Flasche zu Ehren von Papa Zaka (rechts); Papa Zaka ist der Schutzpatron der Landwirtschaft und trägt zumeist den Strohhut der Bauern (oben links).

Arbeit zu Ende zu bringen, dargestellt.

François „Papa Doc" Duvalier, der
Haiti von 1957 bis 1971 als Diktator
beherrschte, versuchte seine Geheim-
polizei unter der Landbevölkerung po-
pulär zu machen, indem er sie als Papa
Zaka verkleidete. So wurde das Land
von Legionen Folterknechten, den
Tonton Makouts, unterdrückt, die
Drillichanzüge, Hüte und rote
Halstücher trugen.

Zeremonielle Besessenheit

Wenn die Zelebranten von
Papa Zaka besessen sind,
nehmen sie eine Pfeife,
ein *makout* (eine Stroh-
tasche) und rollen ein
Hosenbein hoch bis zum
Knie. Papa Zaka ist einfach und
wortkarg, aber sanft und freund-
lich. Er humpelt durch den Tempel
und schlingt sein Essen in einer
Ecke herunter. Papa Zaka offenbart
die städtische Karikatur des einfachen Bauern, der von der Mit-
telklasse oft „Hinterwäldler" genannt wird. Wenn die Zelebranten
für Papa Zaka tanzen, nehmen sie
die schwerfällige Haltung der
Bauern an und bewegen sich so,
als ob sie hacken oder schaufeln.

*Expressionistische Puppenskulptur von
Pierrot Barra, die Papa Zaka beim
Rauchen der Pfeife zeigt; ein anderes Emblem von
Papa Zaka ist die Machete, die den Geist als körperlich hart arbeitend repräsentiert.*

Ogou

Ogou ist der Familienname
für eine ganze Gruppe von Geistern. Beliebte Inkarnationen sind Ogou Feray, Ogou Shango, Ogou Achade und Ogou Balendjo.

SymbOle: Machete, in die Erde gestoßenes Schwert, roter Schal und Flaggen, rotes *paket kongo*

OpfergabEn: Roter Hahn, Reis mit roten Bohnen, 5-Sterne-Barbancourt-Rum, Zigarren, Bullen

Lieblingsbaum: Kalebassenbaum

KathOlische Pendants: St. Jakobus der Ältere

Ogou kämpft für die Gerechtigkeit und muss regelmäßig gespeist werden, da sonst sein hitziges und aufbrausendes Temperament Vergeltung übt. Er hat die Herrschaft über Feuer und Eisen, die Tat und den Krieg und ist die Verkörperung der Männlichkeit. Er ist der Beschützer der Soldaten und die Schutzgottheit der Barbiere, Straßenbauarbeiter, LKW-Fahrer und aller, die mit schweren Maschinen arbeiten.

Ogou wird mit dem katholischen Heiligen St. Jakobus dem Älteren verbunden, weil dieser immer mit dem Schwert auf einem Pferd abgebildet wird. Ogou wird in einer roten Uniformjacke mit goldenen Knöpfen und Epauletten abgebildet und von Ogun, dem nigerianischen Gott des Blitzes, hergeleitet.

Ogou stand Jean-Jacques Dessalines und seinen haitianischen Sklaven während ihres Kampfes um die Unabhängigkeit zu Beginn des 19. Jahrhundert zur Seite. 1791 fand in einem dunklem Wald namens Bois Cayman eine Voodoo-Zeremonie statt, an der Hunderte von zornigen Sklaven teilnahmen. Während eines dramatischen Sturms sprach Ogou durch Blitz und Donner und trieb die Sklaven in die Schlacht. Sein Schwert zerteilte den Kopf eines schwarzen Schweines und

Das Schwert ist das Symbol des Krieger-Geistes (oben); Altargaben und symbolische Objekte für Ogou (ganz rechts).

LieD füR Ogou

Wohin geht Ihr Feuergeister,
verlasst eure Kinder
Wenn ich an Ogou Feray denke
Muss ich stark sein,
um ihn zu rufen
Er trinkt,
ohne betrunken zu werden
Ogou trinkt
und wird nie betrunken

mit dessen Blut schrieb der Priester die Worte „Freiheit oder Tod". Diese Voodoo-Zeremonie leitete einen 13-jährigen Kampf um die Befreiung von der kolonialen Unterdrückung ein.

Zeremonielle Besessenheit

Wenn die Zelebranten von Ogou besessen sind, haben sie ein rotes Band um den Kopf oder den Arm gebunden. Sie schwenken ein Schwert und führen einen feurigen Tanz auf, der sowohl elegant als auch voller Prahlerei ist. Sie marschieren und fluchen wie Soldaten und verlangen nach Rum. Ihre Hände werden mit brennendem Rum abgewaschen und manchmal halten sie rotglühende Eisenteile in der Hand, um zu beweisen, dass ihre Besessenheit echt ist. Ogou wird begrüßt, indem der Sockel des *poto mitan* mit brennendem Rum begossen wird, der mit kleinen Portionen Schießpulver buchstäblich gepfeffert ist.

Gebräuche und Zelebrationen

Alljährlich findet in Plaine du Nord im Norden von Haiti ein Festival zu Ehren von Ogou statt. Dort liegt in der Stadtmitte ein kleiner Schlammsee, der als Trou Sen Jak bekannt ist. Pilger aus ganz Haiti kommen am 25. Juli, dem kanonischen Tag des Heiligen Jakob, dorthin. Viele der Pilger tragen blaue Kleidung mit roten Biesen und Tüchern. Sie kom-

Pilger beim Bad in dem schlammigen See Trou Sen Jak in Plaine du Nord. Dieses rituelle Bad zu Ehren von Ogou findet jedes Jahr am 25. Juli statt.

Puppenskulptur von Pierrot Barra mit der Abbildung von Ogou als St. Jakobus dem Älteren zu Pferde mit einem Schwert.

Flasche mit Metallspänen für Ogou, den Beherrscher des Eisens und Schutzpatron der Metallarbeiter. Die Flasche trägt ein Bild des Heiligen Jakob mit einem Schwert.

men, um zu beten, Gefälligkeiten zu erbitten und Ogou Gelübde zu erfüllen. In der ganzen Stadt werden Stände mit religiösen Kunstwerken, Speisen und Rum aufgebaut und alsbald entsteht ein mittelalterlicher Jahrmarkt. Wenn die Pilger von Ogou besessen sind, wälzen sie sich im Schlammsee. Man sagt, der Schlamm aus diesem See des St. Jakob besitze schützende und magische Kräfte.

Ezili Dantò

Ezili Dantò ist die große Matriarchin des Voodoo-Pantheon. Sie ist eine hart arbeitende allein erziehende Mutter. Sie ist äußerst unabhängig mit stürmischen Temperament und würde ihr Leben zum Schutze ihres Kindes opfern. Auch wenn sie selber nur ein Kind hat, gilt sie als die spirituelle Mutter aller Menschen.

Farben: Blau, Rot, vielfarbig

Symbole: Krug mit Blut und Messern, schwarze Puppen, blaues *paket kongo*

Opfergaben: Barbancourt-Rum, schwarze Schweine, gegrilltes Schweinefleisch, starke Zigaretten

Katholische Pendants: Die schwarze Madonna von Tschenstochau, St. Barbara, Unsere Mutter vom Berg Karmel

Ezili Dantò wird als große, schwarzhäutige Frau visualisiert, attraktiv, aber nicht eitel. Ihr Bereich ist im Wesentlichen die Fortpflanzung und sie wird häufig in Fragen der Geburt von Kindern und Empfängnisverhütung angerufen.

Ezili Dantòs katholisches Pendant ist die Madonna mit dem Kind. Am liebsten ist ihr Unsere liebe Mutter von Tschenstochau, die schwarze Madonna aus Polen. Ihr Bild wurde von den polnischen Truppen, die zum

Symbolische Objekte für Ezili Dantò, in den von ihr bevorzugten Farben Rot und Blau mit Bildern ihres katholischen Pendants, der polnischen Madonna mit dem narbigen Antlitz.

LieD füR
Ezili Dantò

Ezili ist die Priesterin

Dieser Tempel ist mein Heim

Dieses Haus ist das Heim

meines Geistes

Kampf gegen Napoleon nach Haiti entsandt wurden, mitgebracht. Die polnischen Soldaten rebellierten, vom Krieg gegen die Sklaven geschwächt, und kämpften dann an der Seite der schwarzen Sklaven. Die polnische Madonna wird wegen der Narben in ihrem Gesicht bevorzugt, die von den Wunden aus dem Unabhängigkeitskrieg stammen sollen.

Ezili Dantò hat eine Schattengängerin als „Ezili mit den roten Augen", die gegenüber ihren Kindern hart und bösartig sein kann. Sie ist der furchtlose Geist, der den Soldaten der Sklaven in ihrem Kampf um die Freiheit zur Seite stand. Ezili mit den roten Augen

Ezili Dantò ist die große Matriarchin der Voodoo-Geister. Sie wird abgebildet als große dunkelhäutige Frau, attraktiv, aber nicht eitel. Diese kleine Statue ist zu ihren Ehren mit bunten Perlenketten geschmückt.

Puppenkopf in
einer Flasche als
Darstellung der Ezili
mit den roten Augen.

„bewohnte" die Prostituierten, welche den aufständischen Sklaven das Kämpfen beibrachten, und sie trank mit Pfeffer vermischten *kleren* und mit Schießpulver versetzten Rum. Dantòs Geliebter ist Ogou, der edle und tapfere Krieger. So wie Dantò ihre Schwächen hat, geht es auch ihren Gefolgsleuten, die manchmal unzuverlässig, betrunken oder großspurige Schurken sein können.

Zeremonielle Besessenheit

Wenn Ezili Dantò den Körper der Zelebranten in Besitz nimmt, ist sie arrogant, harsch und macht keine halben Sachen. Die besessene Person ist verkrampft, ballt die Fäuste und rollt die Augen wie ein Löwe. Ezili Dantò spricht in der Besessenheit wenig und bringt gewöhnlich nur ein heiseres „Ha, Ha, Ha" hervor. Man sagt, sie habe gegen Ende des Unabhängigkeitskrieges ihre Stimme verloren. Die männlichen Sklaven, mit denen sie zusammen kämpfte, trauten ihr nicht zu, die Geheimnisse zu bewahren, und schnitten ihr die Zunge heraus, um sie verschwiegen zu machen.

Gebräuche und Zelebrationen

Ezili Dantò ist häufig die Braut in den mystischen Hochzeiten mit Lebenden. Sie verleiht ihren spirituellen Partnern besonderen Schutz

und Fürsorge. Sie heiratet sowohl Männer wie auch Frauen und gilt daher als die Schutzpatronin der Lesbierinnen. Wenn sie es verlangt, ist es klug, Ezili Dantò zu heiraten, denn sie kann ihre zukünftigen Gefährten solange krank machen, bis sie zustimmen.

Ezili Dantò verlangt es oft nach einem schwarzen Schwein, dem traditionellen indigenen Tier, dass seit einem Ausrottungsprogramm der USA in den frühen 80-er Jahren des 20. Jahrhundert schwer zu finden ist. Heutzutage müssen Voodoo-Priester das ganze Land in der Hoffnung durchstöbern, ein von den Bauern verstecktes Schwein zu finden, um Ezili Dantòs unersättlichen Hunger zu stillen.

Altar für
Ezili Dantò
in Bel Air,
Port-au-
Prince.

81

GRAN BWA

Gran Bwa ist der Herrscher
des Waldes und bildet zusammen
mit Kalfou und Simityè eine Dreifaltigkeit von Magiern. Gran Bwa
symbolisiert sowohl den geheimen
Schutz, den die dunklen Wälder geben
können, als auch die Geheimnisse der
Pflanzenkunde, die der Wald bieten kann.

Farben: Braun, Grün

Symbole: Eigenartig geformte
Holz- und Wurzelstücke

Opfergaben: Blätter,
Blumen, Tabak, *kleren,* Maismehl,
Erdnusskuchen, Maniokbrot

Lieblingsbaum:
Seidenwollbaum

Katholische Pendants:
St. Sebastian

Die Einflusssphären von Gran Bwa sind die Initiation und das Heilen. Er wird halb als Mann
und halb als Baum repräsentiert, mit einem ge-
drungenen, baumähnlichen Körper, mit Zweigen als Fingern und Wurzeln als Beinen.
Als Opfergaben mag er Zweige und Blumen und als katholisches Pendant wurde der
heilige Sebastian ausgewählt, weil er an einen Baum gefesselt
war, als er mit Pfeilen erschossen wurde. Die
rituellen Opfergaben für Gran Bwa werden in
einen *makout,* einer Strohtasche, entweder in
einen Baum in der Nähe des *peristil* oder, im
städtischen Tempel, an die Decke gehängt.

Gebräuche und Zelebrationen
Ein Initiierter muss eine Kalebasse nehmen
und einen ganzen Tag mit Gran Bwa in den
Wäldern verbringen, um das Wissen der
Pflanzenärzte zu erlernen. Die Voodoo-Anhänger besuchen zu Ehren von Gran Bwa regelmäßig Büsche oder Wälder. Die haitianische Gemeinde
in New York hat nunmehr den Prospect Park in Brooklyn als
heilige Domäne des Gran Bwa auserkoren.

Die Bäume in den Tempelhöfen werden als Heiligtümer der
Götter angesehen und daher häufig geschmückt und angemalt.
In den Zwischenräumen zwischen den Wurzeln werden kleine
Geschenke und brennende Kerzen platziert. Der Mapou, ein

*Gran Bwa ist der
Herrscher der Wälder
und wird durch
Holzstücke
repräsentiert.*

LieD füR
GrAn BwA

Gran Bwa Zile Zile

Gran Bwa erklettert die Bäume

Ich gehe zu Gran Bwa

Ich werde Blätter sammeln

Blätter und Zweige sind die passenden Opfergaben für Gran Bwa.

Seidenwollbaum, ist der allerheiligste aller Bäume auf Haiti. Der Baum war nach einer von der katholischen Kirche in den frühen 40-er Jahren des 20. Jahrhunderts geführten Kampagne gegen Abgötterei beinahe völlig dezimiert. Das Ziel war es, Voodoo auszurotten, indem man seine heiligen Objekte, Trommeln und Tempel zerstörte und selbst diesen so beliebten Baum abholzte.

"Gran Bwa" von Gerard. Bäume sind heilige Hochburgen der Wald-Geister.

83

Bosou

Farben: Rot, Schwarz, Weiß

Symbole: Bullenkopf, Hörner

Opfergaben: Gebratenes Rindfleisch

Katholische Pendants:
St. Vinzenz von Paul

Bosou ist ein mächtige Bullen-Geist, der mit zwei Hörnern dargestellt wird. Er ist Geist und wie sein säkulares Pendant besitzt er ein feuriges und störrisches Temperament.

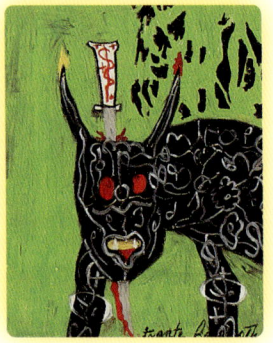

Bosou wird mit der Fruchtbarkeit des Bodens assoziiert. Wenn Papa Zaka der Kultivator ist, gilt Bosou als der Boden, auf dem jener wirkt. Bosou ist die Erde, die Frucht und die Saat und er wird immer mit der männlichen Fruchtbarkeit assoziiert.

Der dreihörnige Bosou wirkt für die Anwender der böswilligen Magie, diejenigen, die mit der linken Hand arbeiten, und wird während der Vorbereitungen von den *baka* angerufen, kleinen, bösartigen Monstern, die Zerstörung und Unheil bringen.

Zeremonielle Besessenheit

Auch wenn Bosou von einem Bullen repräsentiert wird, wird er oft für einen Mann gehalten, aber für einen mit grimmigem Geist, der gerne Rindfleisch isst. Wenn Zelebranten von ihm besessen sind, schnauben und grunzen sie und benehmen sich buchstäblich wie ein Elefant in einem Porzellanladen.

Ein Gemälde des Bosou von Frantz Lamothe, mit der Abbildung des Geistes als Bulle (oben). Bosou ist ein mächtiger aber furchtsamer Geist.

Der dreihörnige Bosou wird während der Rituale von Zauberern angerufen, die versuchen anderen Schaden zuzufügen oder sich an ihnen zu rächen.

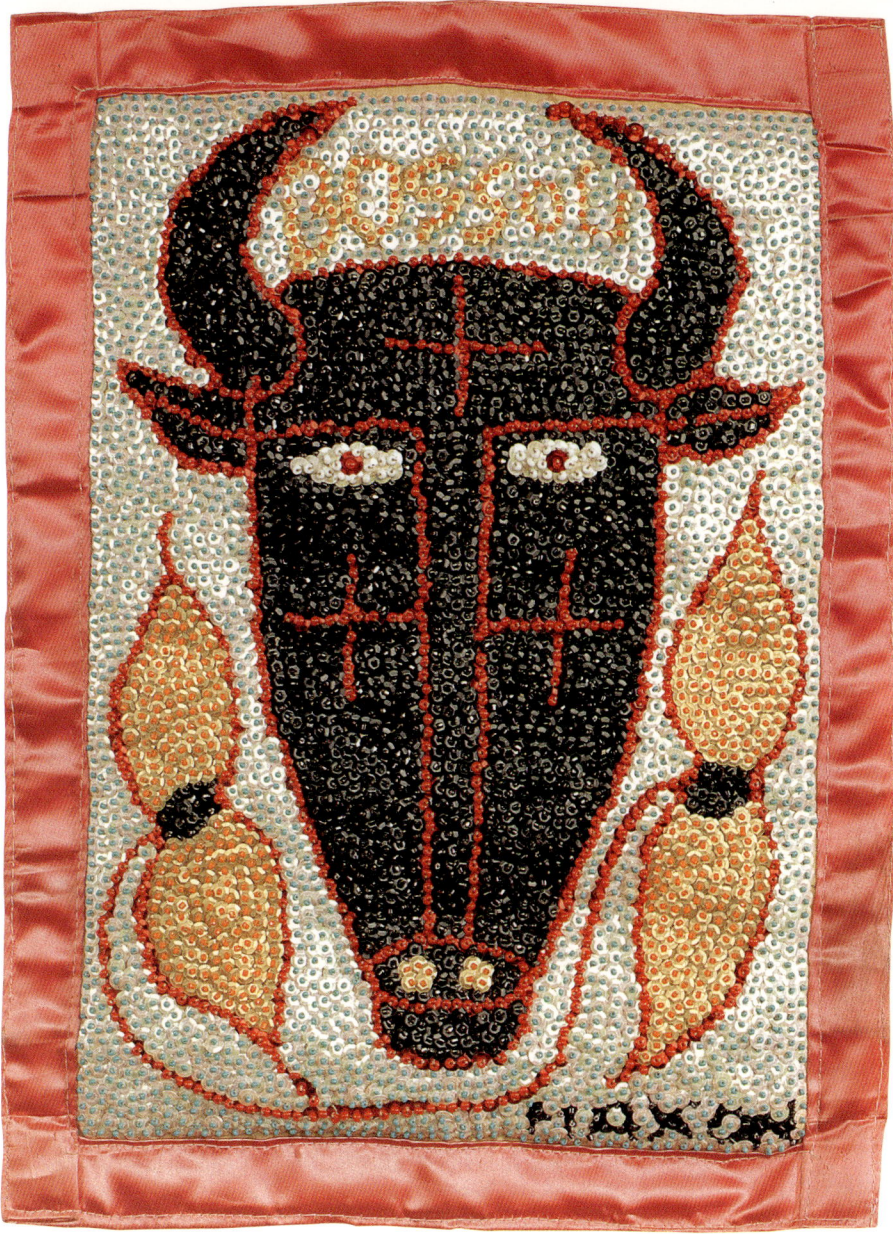

Pailettenbesetzte Flagge von Maxon mit der Abbildung eines zweihörnigen Bosou.

Gede

Die Geister der Gede-Familie sind die Bewacher der Toten und die Beherrscher der Libido.
Sie umfassen die beiden Bereiche der menschlichen Zerbrechlichkeit und Sterblichkeit, das Entstehen und Vergehen des Lebens.

FarbEn: Purpur, Schwarz, Weiß

SymbOle: Totenköpfe, schwarze Kreuze, Schaufeln, heiße mit *kleren* versetzte rote Chilischoten

OpfergabEn: Schwarzer Hahn, schwarze Ziege

KathOlische Pendants: St. Gerhard

Das ist nicht so morbid, wie es im Westen gesehen werden mag, sondern tatsächlich eine Verehrung der Geister der Ahnen und eine Fortführung der Tradition. Die Gede verfügen über starke, besonders für Kinder wirksame Heilkräfte. Die Gede-Familie wird von Bawon Samedi, dem Herrscher über alle Gede, seiner rotäugigen Frau Brigitte und seinem begriffsstutzigen Bruder Bawon Lakwa, dem Hüter der Gräber, angeführt. Zu der Familie gehören auch Gede Fouye, der die Gräber aushebt, Gede Loraj, welcher die durch Kugeln Getöteten beschützt, und Gede Janmensou, der nie betrunken wird. Gede trägt die Kleidung der Missionare, erscheint aber als Totengräber.

Miniatur-Totenköpfe und schwarze Kerzen werden zu Ehren der Gede-Geister auf die Altäre gestellt.

Zeremonielle Besessenheit

Wenn sie von Gede besessen sind, sind die Zelebranten in Purpur und Schwarz gekleidet, tragen spiegelnde Sonnenbrillen und manchmal einen großen hölzernen Phallus. Sie sind lasziv, unheilvoll und verspotten den Tod und verunglimpfen die körperliche Liebe. Mit leichenblass angemalten Gesichtern stolzieren und drängeln sie sich mit Flüchen

Auf die Altäre der Gede-Geister gestellte Särge feiern in den Zeremonien die Gegenwart der Geister der Vorfahren.

Puppenskulptur für Bawon Samedi, den Herrscher aller Gede, von Romy Jean Louis.

durch die Versammlung. Die Gemeinde schätzt das Auftreten der Gede, weil ihr Verhalten einen gewissen Humor in die Zeremonien bringt.

Gebräuche und Zelebrationen

Gede ist der Beherrscher der Friedhöfe, auf denen am 1. und 2. November auf ganz Haiti die *fètemó* genannten Feierlichkeiten für ihn stattfinden. An diesen beiden spannungsgeladenen Tagen entflieht Gede der Gefangenschaft in heiligen Räumen der Tempel und läuft in Stadt und Land Amok. Die Menschen drängen auf die Friedhöfe und sprühen Trankopfer für Bawon Samedi auf die Sockel der geschwärzten Kreuze, die mit Totenköpfen, Ringelblumen und Kerzenwachs geschmückt sind. Es werden solche Mengen *kleren* getrunken, dass bei den Zeremonien die Luft voll von dem Schnapsaroma ist. Die Menge singt zweideutige Lieder und in dieser ausgelassenen Atmosphäre werden viele Zelebranten von Gede besessen.

Manche Menschen sind in Purpur und

LieD füR **G**e**D**e

Papa Gede ist ein
gut aussehender Mann
Papa Gede ist ein schöner Mann
Er ist ganz in schwarz gekleidet
Denn er geht gerade in den Palast

Puppenskulptur von Bawon Samedi von Pierrot Barra. Der Stoff und die pailletengeschmückte Flasche sind gekrönt von einem Puppenkopf und tragen vorne ein mit Pailletten besetztes schwarzes Kreuz.

Schwarz gekleidet, um leichter besessen zu werden.

Alljährlich gibt es eine besondere, *mange mò* genannte, Zeremonie, um die toten Vorfahren zu speisen. Das Essen darf nur von Männern zubereitet werden und darf kein Salz enthalten. Das Schmorgericht besteht zumeist aus Rindfleisch, Schweinefüßen, Kukuruz und roten Bohnen. Wenn das Essen fertig ist, wird es wie für die Familie in einem Raum auf den Tisch gestellt. Der Raum wird dann für einige Stunden verschlossen, damit die Geister sich in Ruhe satt essen können. Nach einigen Stunden klopft das Familienoberhaupt an die Tür und geht in den Raum, um in einer großen Schüssel einiges von dem Essen einzusammeln. Nachdem er mit den Speisen alle vier Himmelsrichtungen gegrüßt hat, verteilt er das Essen an die Kinder der Familie. Eine weitere Schüssel mit Essen wird für Papa Legba an einen Scheideweg gestellt und eine andere für Gran Bwa in einen Baum gehängt. Wenn den Toten dann Genüge getan ist, können sich die Lebenden an den Tisch setzen, das Mahl genießen und weiterhin in Frieden leben.

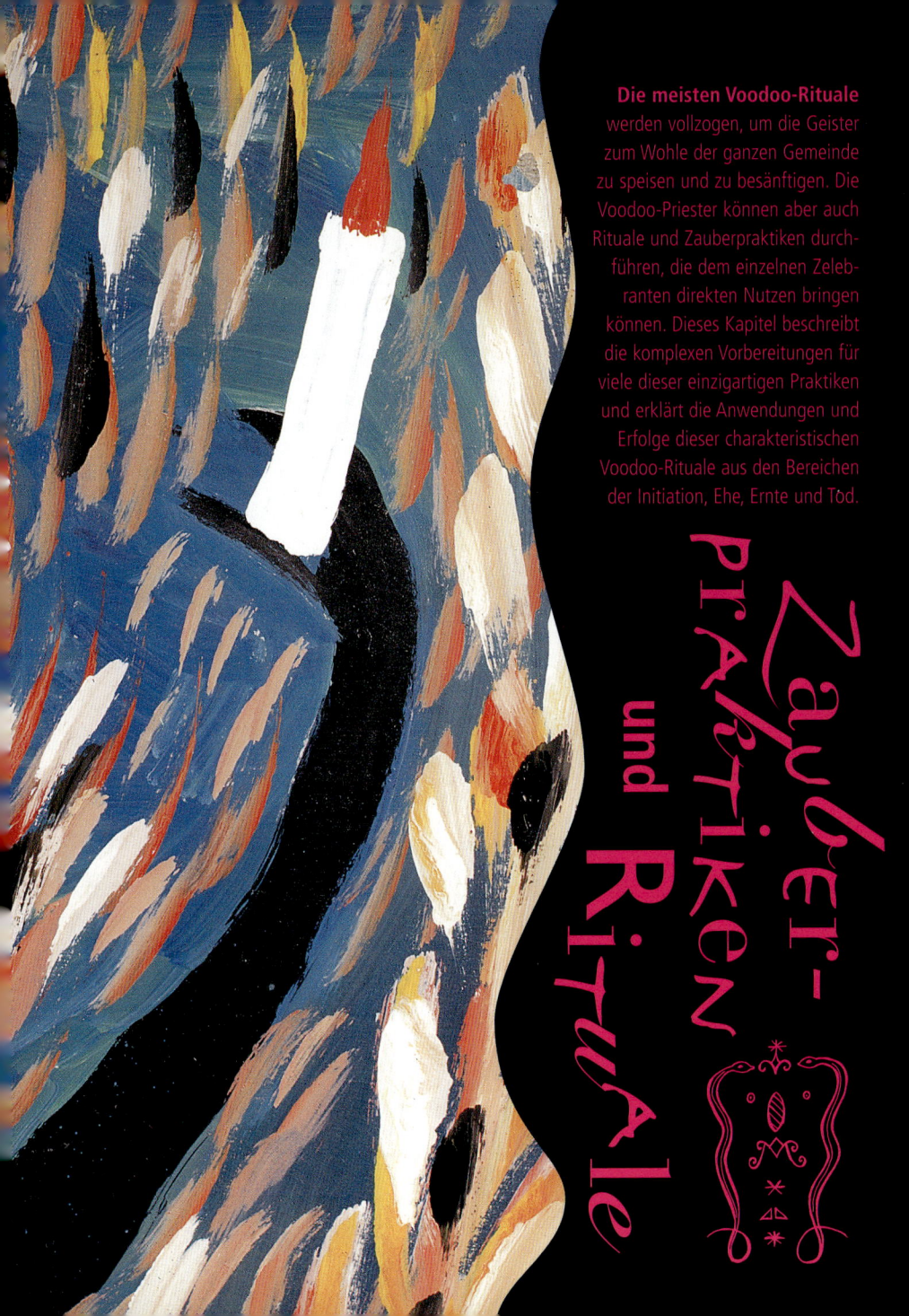

Die meisten Voodoo-Rituale werden vollzogen, um die Geister zum Wohle der ganzen Gemeinde zu speisen und zu besänftigen. Die Voodoo-Priester können aber auch Rituale und Zauberpraktiken durchführen, die dem einzelnen Zelebranten direkten Nutzen bringen können. Dieses Kapitel beschreibt die komplexen Vorbereitungen für viele dieser einzigartigen Praktiken und erklärt die Anwendungen und Erfolge dieser charakteristischen Voodoo-Rituale aus den Bereichen der Initiation, Ehe, Ernte und Tod.

Zauberpraktiken und Rituale

Magische Voodoo-Bäder

Die Voodoo-Anhänger sind damit vertraut, magische Bäder zu nehmen, sowohl in den Tempeln als auch in Quellen und Flüssen, in denen bekanntlich die Geister wohnen. Um ein solches Bad zuzubereiten, muss man die Ingredienzen sammeln, die zu dem Geist gehören, den man um seine Hilfe anrufen will. Die Zutaten werden dann in einem Zuber mit Wasser vermischt und der ganze Körper wird mit dieser Lösung von einem Priester, der von dem entsprechenden Geist besessen ist, eingerieben. Der Badende wird durch die magischen Eigenschaften der Pflanzen gestärkt und die Geister werden durch das sinnliche Aroma zufrieden gestellt. Nach dem Baden soll man eine Münze zur Bezahlung und als Dank an die Wassergeister in das Gefäß werfen.

Zauberbad

Zu Erneuerung der Freundschaft, zu Heilung von Krankheiten und für gute Geschäfte

INGREDIENZEN

4 Liter Wasser

Jasminblüten

Mandelmilchsirup

Gehackte Mandeln

Kölnisch Wasser

Weihwasser (aus einer katholischen Kirche oder einem Devotionalienhandel)

Champagner

Danbala und Ayida Wedò sind die Herrscher der Zauberbäder. Danbala gilt als der Herr derer, die das Bad bereiten, weil man sagt, er sei während der Erschaffung des Universums in die unergründlichen Wasser, das Königreich Ginen, die göttliche Heimat der Vorfahren, hinuntergetaucht. Das Zauberbad hat weit reichende Macht, darunter die, tödliche Krankheiten zu heilen, zerbrochene Freundschaften zu erneuern und Erfolg in Geschäft oder Beruf zu bringen. Um die ganze Kraft des Bades zu nutzen, sollte man es an drei aufeinander folgenden Tagen nehmen, beginnend an einem Donnerstag, dem Lieblingstag von Danbala.

Damen-Bad

Für Glück in der Liebe und Geldangelegenheiten

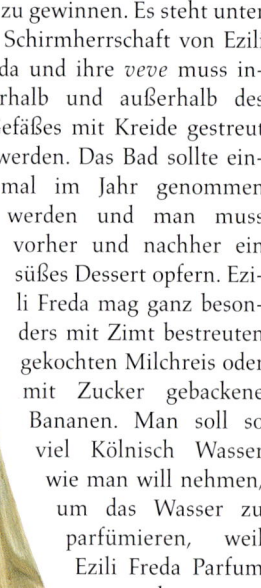

Das Damenbad verstärkt das Glück in der Liebe und verbessert die Chancen, Geld zu gewinnen. Es steht unter der Schirmherrschaft von Ezili Freda und ihre *veve* muss innerhalb und außerhalb des Gefäßes mit Kreide gestreut werden. Das Bad sollte einmal im Jahr genommen werden und man muss vorher und nachher ein süßes Dessert opfern. Ezili Freda mag ganz besonders mit Zimt bestreuten gekochten Milchreis oder mit Zucker gebackene Bananen. Man soll so viel Kölnisch Wasser wie man will nehmen, um das Wasser zu parfümieren, weil Ezili Freda Parfum ganz besonders liebt.

Man soll, nachdem man das Bad genommen hat, drei Tage nicht baden, damit das Bad seine ganze Wirkung entfalten kann.

INGREDIENZEN

4 Liter Wasser

3 Bund Basilikum

7 grüne Paprikaschoten

1 Prise *zo-devan*-Pulver
(*eugenia crenulata*)

Baume du commandeur
(Zauberbalsam)

Benzointinktur

Kölnisch Wasser

Süßes Dessert

Ib*o*-**B**a*d*

Für Glück und Zufriedenheit

INGREDIENZEN

4 Liter Wasser

2 Liter brennender Alkohol

Bananen-brei

Djon djon (getrocknete Pilze)

Ananasstücke

7 Stechpalmenblätter

Kölnisch Wasser

Weihwasser (aus einer katholischen Kirche oder einem Devotionalienhandel)

Die Geister der Ibo-Familie, wie Ibo Lele oder Ibo Sou Aman, müssen angerufen werden, um dieses Bad, das Glück bringt, zusammenzubrauen und durchzuführen. Die Ibo-Geister stammen aus einer kleinen Nation von Geistern, die von den Stammesangehörigen der Ibo aus Südostafrika nach Haiti gebracht wurden. Das Bad muss an sieben Tagen täglich unter Verwendung der gleichen Lösung genommen werden. Wenn während der einwöchigen Prozedur zusätzliche Ingredienzen verwendet werden, schwindet die Wirksamkeit des Bades.

Stress-Bad

Zur Entspannung und zum Stressabbau

INGREDIENZEN

4 Liter Wasser

1 Handvoll frische oder getrocknete Orangenblätter

Das Stress-Bad ist ein Kräuterbad, das zum Lösen von Stress und Anspannungen und zur Entspannung dient. Es ist ein säkulares Bad und nicht unter Schirmherrschaft eines speziellen Geistes. Die Orangenblätter werden eine halbe Stunde in Wasser gekocht, das dann auf Zimmertemperatur abkühlen soll. Der Badende muss den Kopf oder die Schultern zurücklehnen, während die Lösung über seine Stirn und den Rücken hinuntergegossen wird. Man glaubt, das reinige das Blut und vertreibe Kopfschmerzen. Am besten ist es, in einer angenehmen Position zu sitzen und die Prozedur langsam vorzunehmen.

GLÜCKS-Bad

Für Wohlbefinden und Glück

Ezili Freda ist die Schutzpatronin des Glücks-Bades. Die Zutaten sollte man in einer Schüssel mit frischem Wasser zubereiten und der Kopf in der fertigen Lösung gebadet werden; Salzwasser darf nicht benutzt werden, da es die Kräfte des Bades zerstört.

INGREDIENZEN

4 Liter frisches Wasser (kein Salzwasser)

Frisches Basilikum

140 ml Kuhmilch

Zimt

Muskatnuss

1 Prise Teeblätter

Anissamen

Lèkos (pulverisierte Baumrinde)

Kölnisch Wasser

INGREDIENZEN

Salz- oder Seewasser

kleren

7 Weinblätter

7 Bund frische Petersilie

7 Schalotten

7 Münzen

Kölnisch Wasser

Bad gegen UngLück

Zur Hilfe in schwierigen Zeiten

Papa Legba ist der Schutzpatron dieses Bades, das in einer Badewanne zubereitet werden sollte. Zuerst führt der Priester ein Kruzifix und danach einen Kabeljauschwanz am Kopf beginnend über den ganzen Körper des Badenden. Der Priester fordert die bösen Geister auf, den Körper des Klienten zu verlassen und taucht diesen dann ganz unter Wasser. Das Bad muss an neun aufeinander folgenden Freitagen stattfinden.

Magische Voodoo-Lampen

Magische Lampen sind eine beliebte Methode, um Gefälligkeiten von den Voodoo-Geistern zu erbitten. Die Lampen werden mit priesterlicher Anleitung unter Verwendung verschiedener mit Öl gefüllter Gefäße hergestellt. Der Docht wird entweder mit einer schwimmenden Spielkarte oder durch überkreuzte Knochenstücke in dem Öl gehalten. Je nach dem gewünschten Erfolg werden dem Öl verschiedene Substanzen hinzugesetzt. Jede Lampe hat einen Schutzpatron und muss auf einem diesem Geist gewidmeten Altar gestellt und jeden Tag zur gleichen Zeit wieder mit Öl gefüllt werden. Die Flamme darf nicht erlöschen, ehe der gewünschte Erfolg eingetreten ist.

Verzauberungs-Lampe

Um Liebhaber oder Geschäftspartner günstig zu beeinflussen

Die Verzauberungs-Lampe dient dazu, einen potenziellen Geliebten, Partner oder Geschäftskollegen anzuziehen und günstig zu beeinflussen. Sie steht unter dem Patronat von Ezili Freda, der Herrscherin der Herzen. Das entscheidende Element dieser Lampe ist das Schafshirn, das den Willen der Person, die man verzaubern will, repräsentiert. Das wird in das Gefäß gelegt und mit Öl bedeckt. Die zusätzlichen Zutaten für diese Lampe besitzen entweder die Attribute der Attraktivität oder die Gabe der Anziehungskraft. Man zieht den Docht durch Mitte der Spielkarte und lässt diese auf dem Öl schwimmen. Die Lampe muss täglich neu mit Olivenöl gefüllt werden und darf nicht erlöschen, ehe der Zauber gewirkt hat.

INGREDIENZEN

Kokosnusshälfte und Docht

Spielkarte der Herz-Königin

1 Stück Schafshirn (oder ein Stück Schafsfleisch)

Olivenöl

Magnet

Zuckerrohrsirup

Zucker

Honig

Kölnisch Wasser

Jasmin- und Vanilleblüten

99

Schwarze Lampe

Zur Abwehr eines Feindes

Die schwarze Lampe benutzt man, um einen Feind abzuwehren, einen störenden Nachbarn zu verjagen oder starke böse Mächte zu besänftigen. Agwe ist der Schutzpatron der schwarzen Lampe. Man füllt das Gefäß mit den Ingredienzen und hängt dann den Docht unter Verwendung der gekreuzten Knochenstücke hinein. Die Ingredienzen müssen sieben Wochen lang jeden Freitag wieder nachgefüllt werden und dann ins Meer geworfen werden, um Agwe zufrieden zu stellen.

INGREDIENZEN

Krabbenschalen oder Kürbishälfte und Docht

2 Knochen

Pimen chen (scharfe Peperoni wie Bird's-Eye-Chili)

Zermahlene Eidechse (oder ein Gegenstand, der den Feind repräsentiert)

Friedhofserde oder Boden von einem Scheideweg

Rotes Präzipitat (Rotes Quecksilberoxid)

Ruß oder gemahlene Holzkohle

Flaschen-lampe

INGREDIENZEN

Flasche und Korken

Peitschenriemen

Zutaten der schwarzen Lampe

Um einen Feind zu vertreiben

Die Flaschenlampe hat die gleichen Zutaten wie die schwarze Lampe, die aber in eine Flasche gefüllt werden und nicht in eine Schüssel oder Schale. Man hängt den Docht in die Flasche und zündet ihn an. Nachdem die Lampe einen ganzen Tag gebrannt hat, bläst man sie aus und verkorkt sie. Man hängt die Flasche in den Hof und schlägt sie jeden Tag mit dem Peitschenriemen. Die Flasche bringt die gleichen Resultate wie die schwarze Lampe, der Prozess wird aber durch die Schläge beschleunigt.

Arbeits-lampe

Um Arbeit zu finden und Geschäfte voranzutreiben

Der Zweck dieser Lampe ist es, Arbeit zu finden oder ein Geschäft voranzutreiben. Die Lampe steht unter dem Patronat von Papa Legba und sollte in die Zweige des Kalebassenbaums, seines Lieblingsbaums, gehängt werden. Wenn das nicht möglich ist, muss die Lampe an den Fuß eines Altares für Papa Legba gestellt werden. Man legt ein von sieben Nadeln durchstochenes Stück Stoff in eine große Kalebassenschale und füllt die Schale mit Olivenöl und einem Spritzer Rizinusöl. Man fügt etwas *baume du commandeur*, Rosenöl und ein kleines Stück Rinderherz hinzu. Eine Prise Schießpulver, etwas zerstoßene Färberwurzel, ein Tropfen Rotwein und ein Stück Schweinefett vervollständigen die Zubereitung. Die letzten sieben Zutaten müssen in sieben verschiedenen Läden erstanden werden. Man hängt den Docht zwischen zwei schmale Knochen, die über den Rand der Schale gelegt werden und den Umriss eines Kreuzes bilden. Jeden Tag zur gleichen Zeit müssen Gebete für Papa Legba aufgesagt werden, während man das Öl der Lampe vorsichtig umrührt.

INGREDIENZEN

Kalebassenschale und Docht

2 Knochen

1 Stück Stoff

7 kleine Nadeln

Olivenöl

1 Spritzer Rizinusöl

Baume du commandeur (Zauberbalsam)

Rosenöl

1 Stück Rinderherz (oder ein Stück Rindfleisch)

1 Prise Schießpulver (oder einige Streichhölzer)

1 Prise gemahlene Färberwurzel

1 Tropfen Rotwein

1 Klumpen Schweinefett

Ewige **L**ampe

Zur Förderung der Fruchtbarkeit und für eine gesunde Schwangerschaft

INGREDIENZEN

Kalebassenschale und Docht

Spielkarte Pik-Königin

Olivenöl

1 Spritzer Rizinusöl

1 kleines Bund *zo-devan*-Blätter
(*eugenia crenulata*)

Baume du commandeur
(Zauberbalsam)

Diese Lampe wird unter dem Patronat von Ezili Dantò hergestellt. Man glaubt, sie verhilft zu einer erfolgreichen Empfängnis und bringt Gesundheit und Schutz in der Schwangerschaft. Das Öl sollte überwiegend Olivenöl sein und mit einem Spritzer Rizinusöl versetzt werden. Man legt ein kleines Bund *zo-devan*, die Lieblingsblätter von Dantò, in die Schale und gießt das mit etwas Rizinusöl versetzte Olivenöl darüber. Danach mischt man *baume du commandeur* hinein, das einen Hauch von Frieden und Gelassenheit in den Raum bringt, in dem die Lampe aufgestellt ist. Man stößt den Docht durch die Spielkarte, lässt diese auf dem Öl schwimmen und entzündet ihn.

103

Heilige

Voodoo-
Objekte

Vielen Objekten werden göttliche Kräfte der Voodoo-
Geister zugeschrieben. Manche dieser Objekte dienen zu magischen Handlungen, manche dem Schutz der Tempel und andere
sind Bestandteil der uralten Abläufe der Geburt, Wiedergeburt und
spiritueller Vertiefung. Wenn diese Objekte unter dem besonderen
Patronat einzelner Geister stehen, werden sie üblicherweise in den heiligen
Altarräumen des Tempels aufbewahrt, die diesem Geist gewidmet sind. Andere
Objekte kann man bei sich tragen und sie gewähren der Person, die sie bei sich
hat, einen besonderen Schutz. Bestimmte Objekte werden innerhalb der Familie weiter vererbt und werden im Allgemeinen innerhalb des Hauses auf einem
Familienaltar aufbewahrt.

Fürbitten

Für eine gute Zukunft und die Erfüllung von Wünschen

Fürbitten sind katholische Gebete, die auf ein Stück Papier geschrieben und in Kleider, Bettzeug oder Kissen eingenäht werden, um Glück zu bringen oder Anliegen zu erfüllen. Solche Gebete kann man auf dem Eisenwarenmarkt in Port-au-Prince kaufen. Gebete, die besonders wirksam sein sollen, werden an St. Michael, den Schutzheiligen der Seekranken, gerichtet; St. Bartholomäus, den Schutzpatron der Ängstlichen; die heilige Klara, als Schutzpatronin der Armen, und an St. Radegundis, die Schutzheilige derer, die Schutz suchen.

Boten-Puppen

Für Bitten an die Geister

Das sind kleine handgenähte Puppen, die verwendet werden, um vertrauliche Nachrichten in die Geisterwelt zu transportieren. Die Botschaft wird auf ein Stück Papier geschrieben und kann entweder an die Puppe geheftet oder mit einem Band, einem Faden oder einer Schnur um die Puppe gebunden werden. Wenn ein Band benutzt wird, sollte es von einer Farbe sein, die mit dem Geist assoziiert wird, dessen Hilfe gesucht wird. Man legt die Puppe an einen Scheideweg oder auf einen Friedhof, da diese beiden Orte als Tore zum Reich der Unsichtbaren gelten und dazu genutzt werden können, Botschaften von Sterblichen an die Geister zu senden.

PAKET KONGO

Für Heilung und Schutz

Paket kongo sind in Stoff eingeschlagene zwiebelförmige Päckchen, die eine Mischung aus Pflanzen und Pulvern enthalten. Sie werden in verschiedenen Größen und in den Farben der Geister, denen sie gewidmet sind, hergestellt. Die Päckchen werden sorgfältig mit Bändern zugebunden, um die Geister darin zu halten und zu schützen, und werden von Federn gekrönt und manchmal mit Spiegeln und Perlen verziert. Die *paket kongo* dienen dem Schutz der Tempel und werden von den Priestern zur Heilung benutzt, indem sie das Päckchen über den Körper des Kranken führen.

Paket kongo werden in einer besonderen Zeremonie bei Vollmond hergestellt und stehen und der Ägide von Gede und Simbi. Sie enthalten das verbrannte und zerstoßene Fleisch und die Federn eines geopferten Hahnes vermischt mit den getrockneten und pulverisierten Blättern des *twa-pawòl (allophyllus occidentalis)*, des *bwadin (eugenia fragrans)* und des *zo-devan (eugenia crenulata)*. Während der Zubereitung wird die Schale mit der pulverisierten Mixtur auf eine mit Kaffeesatz oder Ingwer geschriebene *veve* für Simbi, den Schutzpatron der Magie, gestellt. Die Fäden und Bänder, welche die magischen Päckchen verschließen, müssen siebenmal verknotet werden und die Kräfte des *paket kongo* sind nach sieben Jahren vergangen.

DONNERSTEINE

Für magische Kräfte

Ein Donnerstein ist ein für seine magischen Kräfte berühmter flacher oval geformter Stein. Man glaubt, die Donnersteine seien während der Erschaffung des Universums geformt worden, als Danbala Blitze auf die Erde schleuderte, welche den Boden und die Felsen zerschlugen. Manchmal werden kleine Spiegelstücke auf den Stein geklebt, um seine Kraft zu vergrößern. Von besonders mächtigen Steinen behauptet man, dass sie schwitzen, pfeifen und sogar sprechen. Auf Haiti werden die Steine beinahe ausschließlich in der Linie der Familie weitergegeben. Nur selten werden sie verkauft, da das den darin wirkenden Geist tief verletzen würde. Wenn ein solcher Stein außerhalb der Familie weitergegeben werden soll, ist eine komplizierte Zeremonie erforderlich. Es gilt als sicher, dass einige Donnersteine tatsächlich Stücke von Speerspitzen sind, die von den indigenen Taino-Indianern verwendet wurden. Die Taino vergötterten die Steine und gaben sie, als diese beiden Gesellschaften im 16. Jahrhundert in den haitianischen Bergen zusammenlebten, an die entflohenen afrikanischen Sklaven weiter.

Paket kongo gibt es sowohl in männlicher als auch in weiblicher Form. Die männliche Form hat einen kräftigen Stängel aus Federn, die weibliche ausgestreckte Arme unter einer Federkrone.

Po ⲧèⲧ

Zur Aufbewahrung der Seele eines Initiierten während seines Lebens

Po tèt bedeutet buchstäblich ein Topf für den Kopf. Er dient als Gefäß für die Seele des Einzelnen, die *gwo bon anj*. Ein *po tèt* ist üblicherweise ein weißer Porzellantopf mit einem Deckel, der während der Initiations-Zeremonie in der Nähe des Initianten steht (s. Seite 112). Haare und Nägelschnipsel des Initianten werden zusammen mit den verbrannten und pulverisierten Resten des Opfers und mit etwas Kukuruz und Süßigkeiten in ein Bananenblatt gewickelt und in den *po tèt* gelegt. Das Gefäß wird dann in den Tempel des Priesters gestellt. Es dient als Beweis des Glaubens und des Gehorsams, da es die Anerkennung der Autorität des Priesters und das Zeichen des Glaubens des Initiierten an dessen Integrität ist, da ein skrupelloser Priester über seinen *pot tèt* Macht auf die Person ausüben kann. Wenn Initiierte ihr Vertrauen in den Priester verlieren, können sie den *po tèt* aus dem Tempel entfernen.

Der *po tèt* kann auch als Fokus für die persönliche Entwicklung und für Rituale dienen und zum Beispiel in kaltem Wasser gebadet werden, wenn sein Besitzer sich angespannt oder irritiert fühlt. Nach dem Tod wird das *po tèt* zerbrochen und der *gwo bon anj* für ein Jahr und einen Tag in die unergründlichen Wasser entlassen, ehe er in den Riten der Toten zurückgerufen wird (s. Seite 116). Diese Periode der Vergessenheit ist eine Voraussetzung für die Unsterblichkeit.

Govi

Zur Aufbewahrung des Geistes eines verstorbenen Initiierten

Dies ist das Gefäß, in das die *gwo bon anj* ein Jahr und einen Tag nach dem Tod in einer Zeremonie namens *wete mò nan ba dlo*, dem Zurückholen der Seele aus den tiefen Wassern, gelegt wird. Das *govi* repräsentiert den kosmischen Schoß von Ezili Dantò, wo die *gwo bon anj* nach der Rückkehr aus den unergründlichen Wassern wohnen muss. Entsprechend der Voodoo-Mythologie sagt man, dass man als Tier geboren wird und erst wirklich ein Mensch ist, nachdem man durch die Initiation wiedergeboren wurde. Sobald sich die *gwo bon anj* aus den unergründlichen Wassern in die *govi* erhoben hat, ist sie endlich zu einer göttlichen Macht geworden. Am Ende der Zeremonie wird die *govi* in farbigen Stoff eingehüllt, der den *mèt tèt*, den über den verstorbenen Verwandten herrschenden Geist, repräsentiert. Die Priester finden oft, die *govi* sei auf dem Weg zurück in den Tempel, wo sie aufbewahrt wird, schwerer zu tragen, wenn die Seele darin erfolgreich wiedergeboren ist.

Voodoo-Priester vor einem Altar mit po tèt zur Linken und govi zur Rechten.

Heilige Voodoo- Rituale

Zusätzlich zu den Zeremonien zum Speisen der Geis-ter müssen die Priester auch Rituale ausführen, die sich mit den vielfältigen Bedürfnissen der Gemeinde befassen. Diese Zeremonien dienen der Initiation, dem Tod, der spirituellen Hoch-zeit und der Ernte. Die Initiation und die mystische Hochzeit verstärken die Bindungen zwischen den Gemeindegliedern und den Geistern, denen sie dienen, während die Totenrituale den Übergang der sterblichen Seele in die göttliche Unsterblichkeit gewährleistet. Besondere Zeremonien werden auch abgehalten, um zu Wasser und zu Lande eine reiche Ernte zu sichern und der Lebensqualität der Gemeinde zu dienen.

Voo*d*oo – **Kalender**

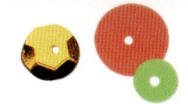

6. Januar	*Mange Marasa*	Zeremonie am Tag der heiligen Drei Könige, in der den Marasa Speiseopfer in besonderen Drillingstöpfen darge-bracht und dann an die sterblichen Zwillinge und Kinder verteilt werden
25. Februar	*Mange tèt dlo*	Rituelles Speisen der Quellen
Karfreitag	Festival von Souvenance	Größeres Fest zu Ehren der Rada-Geister in Souvenance in der Nähe von Gonaïves
16. Juli	Saut-d'Eau-Festival	Fest für Ezili Freda und Danbala, bei dem die Zelebranten in einem Wasser-fall in der Nähe von Mireblais baden
25. Juli	Plaine-du-Nord-Festival	Fest für Ogou, bei dem die Zelebran-ten in einem Schlammsee in einer kleinen Stadt in der Nähe von Cap Haïtien baden
14. August	Kongo-Festival in Soukri	Einwöchige Zeremonie für die Geister der Kongo-Nation in Soukri nahe bei Gonaïves
1./2. November	*Fètdemò*	Fest der Toten für Gede mit zwei-tägigen Zelebrationen auf den Friedhöfen im ganzen Land
25. November	*Mange yanm*	Fest der Yamswurzeln, eine Ernte-zeremonie im ländlichen Haiti
25. Dezember	Weihnachts-Bäder und -Freudenfeuer	Die Leute nehmen Bäder und zünden Freudenfeuer an, um die Geister zu kräftigen

Die Initiationszeremonie ist das spirituelle Übergangs-stadium zwischen Gemeindemitglied und Priesterschaft. Sie geht dem Aufstieg vom Profanen zum Heiligen voraus und vertieft das Band zwischen dem Initiierten und den Geistern. Während der Zeremonie wird der Novize sowohl zum Diener als auch zum Günstling der Geister. Der Prozess, in dem die Loyalität des Novizen geprüft wird, ist lang und kompliziert.

Initiations-
zeremonie

Ein göttlicher Marathon

Die *kanzo* genannte Initiationszeremonie bedarf sorgfältiger Vorbereitungen. Die Novizen nehmen reinigende Bäder, essen Milchspeisen und enthalten sich an den drei diesem göttlichen Marathon vorhergehenden Tagen des Alkohols und Kaffees. Ayizan, der Geist des allerersten Priesters, wird in einer *chire Ayizan* genannten Zeremonie geehrt, während der Palmblätter so eingeschnitten werden, dass dünne Streifen vom mittleren Stängel herabhängen. Mit diesen Wedeln werden die Beine der Zelebranten sanft geschlagen, während sie Instruktionen über ihre Pflichten erhalten. Vor dieser Zeremonie werden sie eine Woche lang in einen engen, *djèvo* genannten Raum, das spirituelle Grab, in dem der Initiierte wiedergeboren wird, eingesperrt.

Loko Atisou, der Geist des allerersten Priesters, hat die Identität des *mèt tèt*, des den Novizen dominierenden *Iwa*, dem Priester bereits offenbart und der *djèvo* wird dann mit den heiligen Symbolen, Objekten und Speiseopfern dieses Geistes geschmückt, um ihn zufriedenzustellen. Die Novizen ertragen diesen Zustand eine Woche lang, ohne zu sprechen oder sich zu bewegen, und können nur mit einer Glocke um Hilfe bitten. Direkt neben dem harten Bett steht ein *po tèt*

Kleine auf Metallfüßen stehende Tontöpfe werden für die Zeremonie des boule zin verwendet.

Eine ounsi hütet das Feuer des boule zin, der Zeremonie mit den brennenden Töpfen, während eines Initiationsrituals.

(s. Seite 108). Nagelschnipsel und eine Haarlocke des Initianten werden in das *po tèt* gefüllt, um die, *gwo bon anj* genannte, Seele des Novizen zu schaffen. Eine Kompresse aus in Wein getränktem Brot, Kukuruz, Milch und gekochtem mit Hühnerblut und Sirup begossenen Reis wird in Blätter eingewickelt und auf den Kopf des Initianten gedrückt. Das hilft, den *mèt tèt* im Kopf des Novizen anzusiedeln. Der Novize muss diese Woche mit einer Diät aus ungesalzenen getrockneten Kutteln und Huhn überstehen, die mit Maissuppe und Wasser heruntergespült wird.

Boule zin

Am Vorabend der Entlassung des Initianten aus seinem Gefängnis wird die Zeremonie des *boule zin* durchgeführt. Das ist im wahrsten Sinne des Wortes eine Feuertaufe, die der göttlichen Wiedergeburt vorhergeht. Kleine Tontöpfe werden auf Metallfüße gestellt, unter denen ein Holzfeuer entzündet wird. Die Töpfe werden verwendet, um Kukuruzklöße zu kochen, die dann auf die Handflächen und Fußsohlen der Novizen gepresst werden. Diese werden mit weißen Tüchern bedeckt in den Tempel geführt. Wenn die Novizen in das Heiligtum zurückgekehrt sind, werden die Töpfe mit zusätzlichem Öl in Brand gesetzt, Feuerholz nachgelegt und spektakulär angefacht. Am nächsten Tag verlassen die Initianten ihr Heiligtum gereinigt in neuen schneeweißen Roben, mit Strohhüten und halten Palmwedel wie Masken vor ihr Gesicht. Sie werden mit Wasser getauft, indem dieses mit einem beblätterten Zweig über sie gesprengt wird.

Mystische
Hochzeit

Ein Initiierter kann eine mystische Ehe mit einem
Geist eingehen, um seine Beziehung zu ihm zu vertiefen
und zu stärken. Prinzipiell, aber nicht ohne Ausnahmen, findet
diese Verbindung zwischen dem Zelebranten und dem ihn dominierenden Geist statt. Manchmal kann ein anderer Geist in den Träumen der Braut oder des Bräutigams die Verlobung verlangen. Die Geister,
die am liebsten Sterbliche heiraten, sind Ezili Freda, Ezili Dantò, Danbala,
Ogou und Agwe.

Die Hochzeitszeremonie

Wie bei einer irdischen Hochzeit werden Ringe getauscht und
Eide geschworen und der sterbliche Partner muss verspre-
chen, seinem göttlichen Gefährten einen Tag der Woche
zu widmen. In dieser Nacht muss der Initiierte alleine,
häufig in einem speziell dafür vorbereiteten Bett schlafen
und auf die spirituelle Begegnung mit seinem heiligen
Gefährten im Traum warten. Wenn er in dieser Nacht
mit einem Sterblichen verkehrt, geht er das Risiko ein,
den Zorn seines spirituellen Partners zu entflammen.

Die Hochzeitszeremonie kann für den Zelebranten teuer werden, da er die Aussteuer, die Ringe und
den Kuchen und die Getränke für den Empfang
bezahlen muss. An diesem Tag wird ein mit
Kuchen, Kerzen und heiligem Wasser be-
deckter Altar im Hof des Tempels er-
richtet. Der amtierende
Priester wird *prèt savann*
oder Buschprediger genannt und eröffnet die Zeremonie, indem
er das Hochzeitsgewand tauft und das *veve* des Geistes auf den
Tempelboden schreibt. Der Geist erscheint im Wege der Besessenheit auf der Hochzeit. Manchmal wird der sterbliche Partner von seinem göttlichen Gefährten besessen und manchmal fun-
giert ein Dritter als Vertreter des Verlobten und empfängt den
verehrten Geist. Zwei Paten flankieren den sterblichen Partner und

dienen als Trauzeugen bei der heiligen Trauung.

Der *prèt savann* fragt den Geist, ob er den sterblichen Partner heiraten will und verspricht, ihn zu beschützen. Dann fragt der Priester den sterblichen Partner, ob er den Geist heiraten und ihm einen Tag in der Woche treu sein will. Die Trauzeugen stecken dem Sterblichen zwei Ringe auf die Finger und der Priester verkündet das Sakrament der göttlichen Vermählung. Die Zeugen unterschreiben das Dokument und der sterbliche Partner isst die besonderen

Während der Zeremonie werden Opfergaben mit den Symbolen des entsprechenden Geistes, wie Schlangen für Danbala, auf den Altar gelegt.

Speisen für seinen spirituellen Gatten. Das können zum Beispiel weiße Eier und Mehl für Danbala oder süßer Kuchen und Sirup für Ezili Freda sein. Die feierliche Vermählung wird mit Tanzen und Singen fortgesetzt und der Hochzeitskuchen unter die Gemeinde verteilt.

Wenn ein Initiierter stirbt, muss seine Familie den Priester umgehend in das Haus rufen, damit dieser mit den komplizierten Totenritualen beginnt. Die Seele und der Schutzgeist des Verstorbenen verlassen den Körper. Die Seele muss in die unergründlichen Wasser, das Königreich Ginen, sinken und dort ein Jahr und einen Tag bleiben. Während dieser göttlichen Reinigung erlangt die Seele dieses Menschen Unsterblichkeit, Vergöttlichung und heiliges Wissen, um, auf die Erde zurückgekehrt, seinen Nachkommen mit den neu gewonnenen Kräften und Kenntnissen Gutes zu tun.

Toten-
riten

Die *ti bon anj* genannte Lebenskraft verlässt mit dem letzten Atemzug den Körper des Toten, um wieder eins mit dem Kosmos zu werden. Das Ritual, das die Seele, die *gwo bon anj*, und den Schutzgeist, den *mèt tèt*, freisetzt, wird *desounen* genannt, das bedeutet, die Seele aus dem Körper treiben. Der Priester sprengt etwas *kleren* über den Körper sowie in die vier Himmelsrichtungen und entzündet eine Kerze. Während er seine *ason*, die heilige Rassel, schüttelt, beschwört er die *mèt tèt* und den *gwa bon anj*, den Leichnam zu verlassen. In diesem Moment wird der Priester vom *mèt tèt* besessen und zerbricht den *po tèt*, den Krug, in dem die Seele während der Initiation eingeschlossen wurde, um den Abstieg der Seele nach Ginen zu erzwingen.

Der Priester sprengt kleren (oben) über die Leiche der Verstorbenen und zündet ein Kerze an, um die Seele zu überreden, den Körper zu verlassen (rechts).

Beschützen des Körpers

Der Priester präpariert den Sarg, indem er die Zweige einer Sesampflanze zusammen mit dem Körper in den Sarg legt. Das dient dazu, einen Zauberer davon abzuhalten, den Sarg auszugraben. Dieser ist nämlich dazu verpflichtet, alle Samen in einem Sarg zu zählen, bevor er mit seiner Untat beginnt. Die Sesampflanze hat aber so viele Samen, dass der Zauberer es nicht schafft, mit dem Zählen vor Tagesanbruch fertig zu werden. Der Priester verstopft der Leiche die Nase, um das Atmen unmöglich zu machen, und bindet die Beine fest, um zu verhindern, dass der Tote jemals wieder auf Erden laufen kann. Danach wird der Körper in einer Lösung aus Wasser und Alkohol unter Zugabe von Orangen und Minze sowie saurem Pflanzensaft gebadet.

Zurückholen der Seele

Nach einem Jahr und einem Tag muss die *gwo bon anj* in einer *wete mò nan ba dlo* genannten Zeremonie aus dem tiefen Wasser zurückgerufen werden. Im Hof des Tempels wird ein großes Wasserbad aufgestellt, das die unergründlichen Wasser symbolisiert. Das Bad wird mit einem Zelt aus weißem Tuch überdeckt. Wenn die Trommeln erklingen, betreten weiß gekleidete *ounsi* mit leeren *govi* auf dem Kopf das *peristil*. Sie legen sich mit den Köpfen in Richtung des Zeltes auf Matten aus getrockneten Bananenblättern. Weil viele Familien sich die Kosten teilen, werden in jeder Zeremonie mehrere Seelen zurückgerufen.

In dem Zelt bittet der Priester die Seelen aus den Wassern zurückzukehren. Er rezitiert die Namen der Toten und schüttelt seine *ason* über der Wasseroberfläche. Nach und nach werden die *ounsi* von Krämpfen befallen, während sich die *govi* mit den *espri*, den heimgekehrten Seelen, füllen. Das kann ein langer, mühsamer und schmerzlicher Vorgang sein, denn nicht alle *espri* kehren feierlich und glücklich heim, manche können unter Schmerzen und mit Zorn zurückkommen. Wenn alle *govi* gefüllt sind, nehmen die Verwandten sie und stellen sie auf den Familienaltar.

Ein Jahr und einen Tag, nachdem die Seele den Verstorbenen verlassen hat, benutzt der Priester seine ason (oben), um die Seele aus den unergründlichen Wassern in einen govi (links), einen Tonkrug, der auf dem Altar der Familie verwahrt wird, zurückzuholen.

Fest der Yams-wurzeln

Das Fest der Yamswurzeln wird jedes Jahr vor der Ernte gefeiert. Es ist eine überwiegend ländliche Zelebration und die weit verstreuten Familien kommen wegen der Rituale und des Schmausens zusammen. Die Yamswurzel wird auf Haiti als Hauptnahrungsmittel sehr geschätzt und wurde aus ihrer Heimat Afrika mitgebracht. Das Fest der Yamswurzeln feiert die Bindung an die afrikanischen Vorfahren und dankt den Geistern für die Fruchtbarkeit des Bodens.

Die Yamswurzel zu Bett bringen

Die *mange yanm*, das bedeutet die Yamswurzeln essen, genannte Zeremonie dauert üblicherweise zwei Tage. Der erste Tag ist als *kouche yanm*, die Yamswurzeln ins Bett bringen, bekannt und versieht das Gemüse mit mystischen Kräften. Die Yamswurzeln werden um den *poto mitan* gelegt und mit Bananen und getrocknetem Fisch umgeben. Die Nahrungsmittel werden mit Trankopfern aus Rum besprengt und von einer Prozession aus *ounsi* in den Altarraum gebracht. Sie werden auf einer in Maismehl geschriebenen *veve* niedergelegt und mit Blättern des Mombinbaumes und einem eingeschnittenen Palmwedel bedeckt.

Die Yamswurzel wecken

Die Zeremonie des zweiten Tages wird *leve yanm*, das Wecken der Yamswurzeln genannt. Nachdem sie die Nacht im Bereich der Geister verbracht haben, sind die Yamswurzeln nun heilig. Hühner und Ziegen werden geopfert und nahe bei den Yamswurzeln niedergelegt. Aus mit Maismehl vermischter Asche werden Kreuze auf das Essen gezeichnet und Trankopfer gebracht. Zusammen mit den Geistern der Vorfahren und der Familie werden die Toten Haitis und Afrikas angerufen. Alle Mitglieder der Familie zerschneiden nacheinander die Yamswurzeln mit einer Machete, um sie für das Kochen vorzubereiten. Nach langem Singen und Tanzen zu Ehren der Geister werden die Yamswurzeln zusammen mit getrocknetem Fisch gekocht. Wenn eine Portion des Essens für die Geister vergraben worden ist, wird der Rest an die Versammlung verteilt. Nunmehr können die Bauern die Yamswurzeln ohne die Furcht, deren launische Geister zu verletzten, ernten.

119

Die Barke für Agwe ist ein hölzernes Floß, dass üblicherweise blau angemalt und mit nautischen Motiven geschmückt ist. Es wird mit Reis, Melonen, zuckerglasierten Kuchen, Blumen, Whiskey, Champagner und Rum beladen. Aufgrund seiner vielen Ozeanreisen mag Agwe besonders gern ausländischen Alkohol. Das Floß wird zu Wasser gelassen und versenkt, damit Agwe auf dem Boden des Meeres sein Bankett genießen kann.

Die Barke von Agwe

Vorbereitung des Floßes

Das Floß wird am Vorabend der Zeremonie im Tempel vorbereitet und von *ounsi* bewacht. Die zeremoniellen Trommeln sind für diesen Anlass weiß und blau gestrichen. Die Trommelhäute werden straffer als üblich gespannt, damit sie auf dem Meeresgrund gehört werden können, wenn Agwe und seine Gefährtin Lasiren angerufen werden. Am Tag der Zeremonie wird das Floß auf der Ladefläche eines LKW dann an den Strand transportiert, normalerweise zusammen mit allen Teilnehmern und den Trommeln, Flaggen, der *ason*, Maismehl, Kerzen sowie den Opfertieren. Das Floß wird am Ufer niedergelegt und *veve* aus Maismehl darum gestreut. Ein Muschelhorn wird geblasen, um den Beginn der Zeremonie anzuzeigen. Das Floß wird dann auf ein Segelboot gelegt und so die Gemeinde, die Trommler, die *ounsi* und der Priester nach Zile gefahren, den heiligen Ort, an dem sie die Opfergabe für die Seegeister freigeben.

Erwecken Agwes

Wenn die Reise beginnt, entzündet der Priester eine kleine Öllampe in einer weißen Schale und die Trommler fangen an, Agwe mit ihren Rhythmen zu wecken. Sobald das Boot Zile, ein schmales Riff vor der Küste Haitis, erreicht hat, werden ein schneeweißes Lamm, zwei weiße Ziegen und zwei weiße Tauben im Meer versenkt und danach das mit Essen beladene Floß. Bis das Segelboot an die Küste zurückgekehrt ist, wo die Zeremonie weitergeht, wird getrommelt und gesungen. Der Priester muss die Gemeinde während der Rückreise genau im Auge behalten, da besessene Zelebranten bekanntlich schon im Meer abgetaucht sind.

WEISSAGUNG

Jeder Priester macht als Teil seiner heiligen Pflichten Weissagungen. Dazu gehört im Allgemeinen die Benutzung von besonderen Gegenständen, meistens Muscheln, Blätter und Spielkarten.

Die traditionellste Methode des Hellsehens verwendet sieben kleine Muscheln, die während einer Zeremonie, in der auch ein Hahn geopfert wird, mit besonderen Kräften versehen werden. Die Muscheln werden in einer kleinen Hülle verwahrt, die auch den Schädel und die Schienbeine des geopferten Vogels enthält. Wenn der Priester das Schicksal befragt, muss er Simbi, den Schutzpatron der Magie, anrufen, während er die Muscheln in seiner Hand schüttelt. Die Muscheln werden dann auf ein flaches Maissieb geworfen, auf dem sich eine Kerze, ein magischer Stein und ein heiliges Halsband aus Glasperlen befindet. Die Muster, die von den Muscheln gebildet werden, sind die Grundlage der Vorhersage.

Die Priester benutzen auch Spielkarten, um die Zukunft zu enthüllen. Die Karten werden auf einem Maissieb mit einer brennenden Kerze und heiligen Steinen ausgebreitet. Diese wurden vor Beginn der Sitzung durch die Flammen von brennendem *kleren* (Zuckerrohrschnaps) gerollt. Die Kerzenflamme ermöglicht es dem Priester, mit den Geistern zu kommunizieren und die wirkliche Bedeutung jeder einzelnen Karte zu ergründen. Der Priester kann auch Teeblätter, Kaffeesatz oder Asche als Fenster zur Zukunft verwenden. Er kann die Weissagung sowohl dazu nutzen, die zukünftigen Aussichten des Auftraggebers aufzuzeigen als auch die Neigungen und Wünsche der Geister. Wenn jemand seine Pflichten gegenüber den *Iwa* vernachlässigt hat, wird er angewiesen, Speisegaben zu machen, ein Opfer oder, unter schwierigen Umständen, eine Zeremonie abzuhalten.

Die Suche nach dem
Schatz
aus dem 18. Jahrhundert

Als die politische Situation auf Haiti während der Zeit der Sklavenaufstände für die Plantagenbesitzer unsicher wurde, vergruben viele, wie man sagt, ihre Reichtümer aus Angst vor Plünderungen. Die Geister werden häufig nach den Fundorten dieser Reichtümer befragt.

Der Sklave, der dazu ausgewählt wurde, den goldenen Schatz zu vergraben, grub auch sein eigenes Grab. Aus Angst vor Entdeckung tötete der Plantagenbesitzer den Sklaven und begrub dessen Körper mit seinem Vermögen. Man glaubt, dass der Geist des Sklaven bei der Beute ausharrt und seine Nachfahren zu dem Schatz führen kann. Normalerweise nimmt der Geist des Sklaven im Traum mit einer Prophezeiung oder durch die Besessenheit Kontakt zu seinem Verwandten auf, um den Ort zu enthüllen, an dem der Schatz gefunden werden kann. Wenn man danach gräbt, muss man sehr vorsichtig sein, weil der Geist oft wütend, zornig und äußerst gefährlich ist. Aus diesem Grund ist es wichtig, einen Priester als Begleiter zu haben, der den schützenden Geist ablenkt und besänftigt.

Glossar

ASON Heilige Rassel zur Anrufung der Geister

BADJI Altarraum im Tempel

BAKA Kleiner Dämon

BA TAMBOU MANGE Zeremonielle Speisung der Trommeln

BAT TAMBOU Die Trommel schlagen. Begriff, der häufig für Voodoo-Zeremonien verwendet wird

BAUME DU COMMANDEUR Balsam aus weit verbreiteten magischen Pflanzen Haitis, Bestandteil in Voodoo-Zauberpraktiken

BIZANGO Geheimgesellschaft

BÒKÒ Zauberer

BOULA Kleinste der Rada-Trommeln

BOULE ZIN Zeremonie mit Topf auf offenem Feuer

BWA-DIN Pflanzliche Zutat für Voodoo-Zauberpraktiken; wissenschaftliche Bezeichnung *Eugenia fragrans*

CHANTE LWA Zeremonieller Gesang

CHIRE AYIZAN Zeremonie zu Ehren von Ayizan, während der Palmblätter für die Initiations-Zeremonie (*kanzo*) eingeschnitten werden

CHROMOLITHOGRAHIE Koloriertes Papierbild eines katholischen Heiligen

DESOUNEN Ritual zur Freilassung sowohl der Seele (*gwo bon anj*) als auch des Schutzgeistes (*mét tét*) aus dem Leichnam eines Verstorbenen

DJÈVO Enger Raum für die Initiations-Zeremonie

DJON DJON Getrocknete Pilze

DOSOU/DOSA Sohn oder Tochter geboren direkt nach der Geburt von Zwillingen

DRAPO Flagge

DRAPO SÈVIS Flagge für Voodoo-Zeremonien

ESPRI Aus den unergründlichen Wassern wiedergekehrte Seele

FÈTDEMÒ Fest der Toten, Feier zu Ehren von Gede

GINEN Heimatland der Geister; Synonym für Afrika

GOVI Tontöpfe zur Aufbewahrung der Geister nach ihrer Rückkehr aus den unergründlichen Wassern

GWO BON ANJ Seele des Initiierten

KANZO Initiations-Zeremonie

KLEREN Clairin, weißer Zuckerrohrschnaps /Rum

KONFYANS Assistenten des Priesters

KOUCHE TAMBOU Die Trommeln zu Bett bringen, Teil eines Rituals, um die Energie der heiligen Trommeln wieder aufzuladen

KOUCHE YANM Das Zeremoniell, die Yamswurzeln ins Bett bringen, zweiter Teil des Yamswurzelfestes

KREYÒL Auf Haiti gesprochenes französisches *patois* (Kreolisch)

LANGAJ Lange vergessene alte afrikanische Sprache, aus der einzelne Worte in Voodoo-Lieder aufgenommen wurden

LAPLAS Schwertmeister, der die Flaggenparade während der Zeremonien anführt

LÈKOS Reich beladene Barke aus Bäumen

LEVE YANM Zeremonielles Wecken der Yamswurzeln, dritter und letzter Teil des Yamswurzelfestes

LWA Geist

MACHÈ FEY Markt auf Haiti, auf dem viele der Pflanzen für Voodoo-Zauberpraktiken und Rituale erhältlich sind

MAKANDEL Geheimgesellschaft

MAKOUT Tasche aus Stroh

MANBO Priesterin

MANMAN größte Trommel der Rada-Riten, wörtliche Bedeutung „Mutter"

MANGE LWA Speisung der Geister, z.B. das als *Mange Marasa* bekannte Fest zu Ehren der Marasa-Geister

MANGE MÒ Die Zeremonie der Speisung der toten Vorfahren der Familie

MANGE TÈT DLO Rituelle Speisung der Quellen

MANGE YANM Fest der Yamswurzeln

MAPOU Heiliger Seidenwollbaum

MÈT TÈT Schutzgeist

MISTÈ Geist

OGAN Platte oder Glocke aus Metall, auf die mit einem Eisenstab geschlagen wird, um den Trommeln den Rhythmus vorzugeben

ORAISONS Katholische Gebete, die auf Papierblätter geschrieben werden, um die Geister um Hilfe anzuflehen

OUNFÒ Voodoo-Tempel mit Altären und Räumen für Zeremonien

OUNGAN Priester

OUNJENIKON Chorleiter

OUNSI Sänger und Tänzer, die in die Gemeinde aufgenommen sind

PAKET KONGO In Stoff gehülltes Päckchen mit spirituelle Kräften

PERISTIL Peristyl, Raum für Zeremonien im Innenraum des Tempels

PETWO Familie von turbulenten, „heißblütigen" Geistern

PIMEN CHEN Kleine scharfe rote Pepperoni

PO TÈT Krug aus Porzellan für den eigenen *gwo bonm anj*

POTO MITAN Zentrale Säule des Peristyls

PRÈT SAVANN „Buschprediger", der oft mystische Hochzeiten anleitet

RADA Familie der „kühlen", sanften Geister

RÈN DRAPO Königinnen der Flaggen, welche die reich geschmückten Voodoo-Flaggen während der Zeremonien tragen

SEGON Zweite, mittelgroße Trommel der Rada-Riten

SÈVIS Zeremonie

SIMITYÈ Friedhof

TI BON ANJ Lebenskraft

TWA-PAWÒL Pflanzliche Zutat für Voodoo-Zauberpraktiken; wissenschaftliche Bezeichnung *allophyllus occidentalis*

VEVE Rituelle Zeichnung, die einen Geist darstellt

VLENBLENDENG Geheimgesellschaft

VOYE LAMÒ Meist gefürchtetes Mittel eines Zauberers, das den Tod bringen soll

WANGA Von einem Zauberer hergestelltes Objekt, Verpackung oder Gift, das einem anderen Schaden zufügen soll

WETE MÒ NAN BA DLO Extrakt aus der Seele eines verstorbenen Gemeindemitglieds aus den unergründlichen Wassern, der in einem *govi* aufbewahrt und auf den Altar gestellt wird

ZOBOB Geheimgesellschaft

ZO-DEVAN Pflanzliche Zutat für Voodoo-Zauberpraktiken; wissenschaftliche Bezeichnung *eugenia crenulata*

ZOMBI Ein Mensch, der vergiftet wurde, tot zu sein scheint und später von einem Zauberer „wiedererweckt" wird, der danach den Geist und die Handlungen des *zombi* kontrolliert

ANMERKUNG ZU DEN VOODOO-ZUTATEN

Die für in diesem Buch beschriebenen Rituale und Zauberpraktiken benutzten Zutaten sind auf Haiti überall erhältlich. Das ist jedoch außerhalb des Landes schwieriger. In manchen Städten gibt es auf Voodoo spezialisierte Geschäfte, die eine große Auswahl dieser Zutaten führen. Andere Bezugsquellen kann man finden, wenn man im Internet nach Voodoo-Pflanzen sucht.

Register

DANKSAGUNGEN

DANKSAGUNG DER AUTORIN

Dieses Buch ist Ranu Mukherjee mit Dank für ihre Freundschaft, die Begleitung auf Haiti und die Unterstützung bei den Recherchen zu diesem Buch gewidmet. Mein Dank gilt auch Charles Arthur, Maggie Roberts, Rich Honour, John Cussans, Linette Frewins, Laurie Richardson, Ian Murray, Richard Morse, Markel Thylefors, Cinders Forshaw, und Edgard Jean Louip.